J. R. R. Tolkien:
Feanors Fluch
Erzählung

Deutsch von Wolfgang Krege
Herausgegeben von der Hobbit Presse

Klett-Cotta
im
Deutschen
Taschenbuch
Verlag

Von J. R. R. Tolkien
sind im Deutschen Taschenbuch Verlag erschienen:
Der kleine Hobbit (7151; auch als dtv großdruck 25051)
Tuor und seine Ankunft in Gondolin (10456)
Die Geschichte der Kinder Húrins (10905)

Februar 1991
Deutscher Taschenbuch Verlag GmbH & Co. KG,
München
Über alle Rechte der deutschen Ausgabe verfügt der
Ernst Klett Verlag für Wissen und Bildung GmbH,
Stuttgart 1978
Die Texte wurden entnommen aus:
›Das Silmarillion‹, herausgegeben von
Christopher Tolkien
© 1977 George Allen & Unwin Ltd., London
Titel der englischen Originalausgabe: ›The Silmarillion‹
Die Karten wurden entnommen aus:
Karen Wynn Fonstad, ›Historischer Atlas von
Mittelerde‹, Hobbit Presse/Klett-Cotta, Stuttgart 1985
© 1981 Karen Wynn Fonstad
Umschlaggestaltung: Celestino Piatti
Umschlagbilder: J. R. R. Tolkien (aus ›Pictures by
J. R. R. Tolkien‹, herausgegeben von Christopher Tolkien,
erschienen im Verlag George Allen & Unwin Ltd.,
London 1979)
Gesamtherstellung: C. H. Beck'sche Buchdruckerei,
Nördlingen
Printed in Germany · ISBN 3-423-11335-9

Das Buch

Feanor, der Sohn Finwes, wurde geboren, als das Glück der Elben in Valinor im Zenit stand. Viele Hoffnungen ruhten auf dem stolzen, feurigen Kämpfer und eigenwilligen Künstler. Aber gerade mit seinem Meisterwerk, den Silmaril, trug er zum Unglück seines Volkes und zur Verdunkelung Valinors bei. Sein Fluch gegen Morgoth, den Schwarzen Feind der Welt, den grausamen Mörder Finwes und Räuber der Silmaril, wird zum Ausgangspunkt jenes endlosen, bitteren Krieges in Mittelerde, den Tolkien in seinem Hauptwerk beschreibt. Denn gegen den Willen der Valar verläßt Feanor das Glückselige Reich und geht in die Verbannung, um Morgoth die drei kostbaren Edelsteine mit Gewalt wieder zu entreißen. Die Geschichte von Feanors Fluch ist damit der Schlüsselmythos zum ›Herrn der Ringe‹.

Der Autor

J(ohn) R(onald) R(euel) Tolkien wurde am 3. Januar 1892 in Bloemfontein/Südafrika geboren und lebte seit 1896 in England. Er war Professor für germanische Philologie in Oxford und starb am 2. September 1973 in Bournemouth. Weitere Werke: ›Der kleine Hobbit‹ (dt. 1957), ›Der Herr der Ringe‹ (dt. 1969/70), ›Das Silmarillion‹ (dt. 1978), ›Nachrichten aus Mittelerde‹ (dt. 1983).

Inhalt

Von Feanor und der Loskettung Melkors ... 7
Von den Silmaril und der Unruhe der
    Noldor 15
Von der Verdunkelung Valinors 27
Von der Verbannung der Noldor......... 36
Von Sonne und Mond und der Verhüllung
    Valinors..................... 64
Von den Menschen 75
Von der Rückkehr der Noldor 81

Karten
Valinor 105
Flucht der Noldor................... 106
Länder im Norden 108
Beleriand.......................... 110

Glossar 112

Von Feanor und der Loskettung Melkors

So waren nun die drei Geschlechter der Eldar in Valinor endlich beisammen, und Melkor lag in Ketten. Dies war der Mittag des Segensreiches, der Scheitelpunkt seines Glücks und seiner Pracht, lang nach der Zahl der Jahre, doch allzu kurz in der Erinnerung. In jenen Tagen wuchsen die Eldar zu ihrer ganzen Größe an Körper wie an Geist heran, und die Noldor erfanden immer neue Künste und Wissenschaften; und unter vergnügtem Arbeiten gingen die langen Jahre hin, und viele neue und herrliche Dinge wurden geschaffen. Damals war es, daß die Noldor zuerst Buchstaben ersannen, und Rúmil von Tirion hieß jener Gelehrte, der als erster Zeichen fand, mit denen Sprache und Gesang sich festhalten ließen; manche davon wurden in Metall oder Stein eingegraben, andere mit Pinsel oder Feder hingetuscht.

Zu jener Zeit wurde in Eldamar, im Hause des Königs in Tirion auf dem Gipfel des Túna, der älteste und am innigsten geliebte von Finwes Söhnen geboren. Curufinwe war sein Name, doch seine Mutter nannte ihn Feanor, den Feuergeist; und unter diesem Namen wird in allen Erzählungen der Noldor seiner gedacht.

Míriel war der Name seiner Mutter, auch Serinde geheißen, weil sie unübertrefflich war im Weben und in den Nadelarbeiten; ihre Hände wußten geschickter mit feinen Stoffen umzugehen als alle andren, sogar unter den Noldor. Groß und freudig war die Liebe Finwes und Míriels, denn sie begann im Segensreich in den Tagen des Glücks. Als Míriel aber ihren Sohn trug, verzehrte sie sich an Geist und Körper, und als er geboren war, verlangte es sie nach Erlösung von der Last des Lebens. Und nachdem sie ihm den Namen gegeben, sagte sie zu Finwe: »Nie mehr werde ich ein Kind tragen, denn meine Kraft, die vieler Kinder Leben hätte nähren können, ist ganz in Feanor geflossen.«

Da war Finwe bekümmert, denn die Noldor standen in der Jugend ihrer Tage, und noch viele Kinder wollte er in die glückselige Welt von Aman setzen; und er sagte: »Gewiß gibt es Heilung in Aman? Jede Mühsal kann hier Linderung finden.« Und als Míriel immer weiter dahinsiechte, bat er Manwe um Rat, und Manwe empfahl sie Irmo zur Pflege in Lórien an. Als sie von Finwe schied (für kurze Zeit, wie er glaubte), war er traurig, denn ein unglückliches Ereignis schien es ihm, daß die Mutter fortging und nicht wenigstens die ersten Kindertage ihres Sohnes erlebte.

»Wahrhaftig ist es ein Unglück«, sagte Míriel, »und ich wollte weinen, wenn ich nicht so müd wäre. Doch gib mir keine Schuld an all dem und an nichts, was später kommen mag.«

Zu den Gärten von Lórien ging sie nun und

legte sich dort zum Schlafe nieder; aber wenn sie auch nur zu schlafen schien, so verließ doch der Geist ihren Körper und ging stumm zu den Hallen von Mandos hinüber. Estes Mägde pflegten Míriels Leib, und er blieb unverdorrt, doch kehrte sie nicht zurück. Da lebte Finwe im Leid; oft ging er in die Gärten von Lórien, und unter den silbernen Weiden, neben dem Leib seines Weibes sitzend, rief er sie beim Namen. Doch half es nichts, und er allein in dem ganzen Segensreich war aller Freude beraubt. Nach einiger Zeit ging er nicht mehr nach Lórien.

All seine Liebe gehörte hinfort seinem Sohn, und Feanor wuchs rasch heran, als wäre ein geheimes Feuer in ihm entfacht worden. Er war groß, schön und gebieterisch von Angesicht, mit durchdringend klaren Augen und rabenschwarzem Haar, rege und beharrlich in allem, was er unternahm. Wenige haben je durch Rat seine Wege zu ändern vermocht, niemand durch Gewalt. Von allen Noldor, damals oder später, besaß er den feinsten Verstand und die geschicktesten Hände. In seiner Jugend erfand er, um das Werk Rúmils zu verbessern, die Buchstaben, die nach ihm benannt und fortan von den Eldar stets gebraucht wurden; und er war es, der als erster unter den Noldor die Kunst entdeckte, wie größere und leuchtendere Gemmen, als die Erde sie hergab, von Hand zu schaffen waren. Die ersten Gemmen, die Feanor schuf, waren weiß und farblos, unter dem Sternenlicht aber lohten weiße und blaue Feuer darin auf, heller als Helluin; und noch andere Kristalle schuf er, in denen weit entfernte Dinge zu erblicken waren, klein, aber deutlich, wie mit den Augen von Manwes Adlern gesehen. Selten kamen Feanors Hände und Geist zur Ruhe.

In früher Jugend noch nahm er Nerdanel zur Frau, die Tochter eines großen Schmiedes namens Mahtan, eines von jenen unter den Noldor, die Aule am nächsten standen; und von Mahtan lernte er vieles über die Fertigung der Dinge aus Metall und Stein. Auch Nerdanel war von festem Willen, doch geduldiger als Feanor, denn sie mochte den Geist anderer lieber verstehen als ihn beherrschen, und anfänglich konnte sie ihn zurückhalten, wenn das Feuer seines Herzens zu heiß brannte; später aber bekümmerten sie seine Taten, und sie wurden einander fremd. Sieben Söhne gebar sie Feanor, und manche erbten etwas von ihrem Gemüt, doch nicht alle.

Nun geschah es, daß Finwe Indis, die Blonde, zur zweiten Gemahlin nahm. Sie war eine Vanya, nah verwandt mit Ingwe, dem Hohen König, groß und mit goldnem Haar und in allen Belangen anders als Míriel. Finwe liebte sie sehr und war wieder froh. Doch Míriels Schatten wich nicht aus dem Hause Finwes, noch aus seinem Herzen; und von allen, die er liebte, nahmen seine Gedanken an Feanor immer den größten Anteil.

Die Vermählung seines Vaters behagte Feanor nicht, und weder Indis noch Fingolfin und Finarfin, ihren Söhnen, brachte er viel Liebe entgegen. Er lebte von ihnen getrennt, erkundete das Land Aman oder gab sich den Künsten und Wissenschaften hin, die ihn erfreuten. In jenen unglücklichen Ereignissen, die später eintraten und bei denen Feanor der Anführer war, sahen viele eine Folge dieses Bruchs im Hause Finwes; sie urteilten, wenn Finwe seinen Verlust ertragen hätte und zufrieden gewesen wäre, seinen gewaltigen Sohn großzuziehen, so hätte es mit Feanor eine andere Wendung genommen und großes Unheil wäre vermieden worden; denn der Kummer und der Streit im Hause Finwes bleiben ins Gedächtnis der Noldor eingegraben. Doch auch Indis' Kinder waren groß und ruhmreich, und ebenso deren Kinder; und die Geschichte der Eldar wäre ärmer, hätten sie nicht gelebt.

Während nun Feanor und die andren Meister der Noldor sich mit Lust in unabsehbaren Werken übten, und während Indis' Söhne erwachsen wurden, ging der Mittag von Valinor dem Ende entgegen. Denn nun war es soweit, daß Melkors Haft, wie es die Valar verfügt, abgelaufen war, nachdem er drei Alter lang allein in Mandos' Kerker gesessen hatte. Endlich, wie Manwe versprochen hatte, wurde er von neuem vor die Throne der Valar geführt. Da sah er ihren Glanz und ihr Glück, und voller Neid war sein Herz; er sah die Kinder Ilúvatars, die zu Füßen der Mächtigen saßen, und Haß erfüllte ihn; er sah die vielen leuchtenden Gemmen, und es gelüstete ihn danach; doch verbarg er, was er dachte, und verschob seine Rache.

Vor den Toren von Valmar warf sich Melkor Manwe zu Füßen und bat um Vergebung; er gelobte, wenn man ihn nur zum Letzten unter den freien Bewohnern von Valinor mache, so wolle er den Valar bei all ihren Werken helfen, besonders aber bei der Heilung der vielen Wunden, die er der Welt zugefügt. Nienna unterstützte seine Bitten; Mandos aber blieb stumm.

Da gewährte Manwe ihm Vergebung; doch wollten die Valar noch nicht dulden, daß er sich aus ihrer Aufsicht und Obhut entfernte, und er wurde gehalten, innerhalb der Mauern von Valmar zu bleiben. Doch edel schien alles, was Melkor in jener Zeit sagte und tat, und den Valar sowohl wie den Eldar kamen sein Rat und seine Hilfe zugute, wenn sie darum nachsuchten; und so wurde ihm nach einer Weile erlaubt, sich im Lande frei zu bewegen, und Manwe schien es, daß Melkor vom Bösen geheilt sei. Denn Manwe selbst war frei vom Bösen, und er konnte es nicht verstehen; und er wußte, daß zu Anfang, im Gedanken Ilúvatars, Melkor gleich ihm selber gewesen war; und er blickte nicht bis in die Tiefe von

Melkors Herzen und sah nicht, daß alle Liebe für immer daraus gewichen war. Ulmo aber ließ sich nicht täuschen, und Tulkas ballte jedesmal die Fäuste, wenn er Melkor, seinen Feind, vorübergehen sah; denn zwar dauert es lange, bis Tulkas erzürnt ist, doch ebenso lange auch, bis er vergißt. Aber sie gehorchten dem Urteil Manwes, denn wer die Herrschaft gegen Aufruhr verteidigt, darf sich nicht seinerseits auflehnen.

Von Herzen haßte nun Melkor die Eldar am meisten, teils weil sie schön und froh waren, teils weil er in ihnen den Grund sah, warum die Valar ihn angegriffen und gestürzt hatten. Nur um so mehr Liebe spiegelte er ihnen deshalb vor, und er bemühte sich um ihre Freundschaft und stellte ihnen seine Künste und sein Wissen für jede große Tat, die sie unternehmen mochten, zu Diensten. Zwar mißtrauten ihm die Vanyar, denn sie wohnten im Licht der Bäume und waren zufrieden; und die Teleri beachtete er wenig, da er dachte, sie seien nicht viel wert, zu schwache Werkzeuge für seine Pläne. Die Noldor aber wußten zu schätzen, was er ihnen an geheimer Wissenschaft verraten konnte, und manche unter ihnen lauschten Reden, die sie besser nie gehört hätten. Melkor behauptete später sogar, Feanor habe insgeheim viele Künste von ihm gelernt und das größte seiner Werke unter seiner, Melkors, Anleitung geschaffen; doch darin log er aus Begierde und Neid, denn keiner unter den Eldalië hat Melkor je mehr gehaßt als Feanor, Finwes Sohn, der ihm als erster den Namen Morgoth gab; und wenn er auch in die Gespinste von Melkors Ränken gegen die Valar mit verstrickt war, so hatte er doch keine Absprache mit ihm und nahm keinen Rat von ihm an. Denn Feanor wurde nur vom Feuer des eigenen Herzens getrieben, und stets arbeitete er emsig und allein; und Hilfe und Rat hat er von keinem je erbeten, der in Aman lebte, ob groß oder klein, nur von der klugen Nerdanel, seiner Gemahlin, und auch von ihr nur für kurze Zeit.

Von den Silmaril und der Unruhe der Noldor

Zu jener Zeit wurden die Dinge geschaffen, die später von allen Werken der Elben den höchsten Ruhm erlangten. Denn Feanor, nun in der Fülle seiner Kräfte, wurde von einem neuen Gedanken bewegt, oder vielleicht war auch ein Schatten des Vorwissens von dem Schicksal auf ihn gefallen, das sich nahte; und er grübelte, wie man das Licht der Bäume, den Glanz des Segensreiches unauslöschlich erhalten könne. Dann machte er sich an ein langes und geheimes Werk, und all seine Wissenschaft und Kraft und Kunst bot er auf; und am Ende schuf er die Silmaril.

Wie drei große Edelsteine schienen sie von Gestalt. Doch erst am Ende aller Tage, wenn Feanor zurückkehrt, der verblich, ehe die Sonne aufging, und der nun in den Hallen der Erwartung sitzt und nicht mehr unter sein Volk tritt, erst wenn die Sonne vergeht und der Mond herabstürzt, wird man es wissen, von welchem Stoff sie geschaffen waren. Wie der Kristall der Diamanten schien er zu sein, und doch härter als Adamant, so daß keine Gewalt im Königreich Arda ihn beschädigen oder brechen konnte. Doch war dieser Kristall für die Silmaril nur wie der Leib für die Kinder Ilúvatars: das Haus des inneren Feuers, aus dem er lebt und das darinnen wohnt und zugleich auch in all seinen Teilen. Und das innere Feuer der Silmaril nahm Feanor von dem gemischten Licht der Bäume von Valinor, und das Licht lebt noch in ihnen, wenngleich die Bäume lange verdorrt sind und nicht mehr scheinen. Selbst im Dunkel der tiefsten Schatzkammer leuchteten daher die Silmaril aus eigner Kraft wie Vardas Sterne; und doch, da sie in Wahrheit Dinge von eigenem Leben waren, erfreuten sie sich am Lichte und nahmen es auf und gaben es in herrlicheren Farben zurück.

Alle, die in Aman wohnten, waren voll Staunens und Entzückens über Feanors Werk. Und Varda weihte die Silmaril, auf daß fortan kein sterblicher Leib noch unreine Hand noch irgend etwas von bösem Willen sie berühren konnte, sondern verbrannte und verdorrte; und Mandos verkündete, daß die Geschicke von Arda, von Land, Meer und Luft in ihnen beschlossen lägen. Feanors Herz war fest an diese Dinge gebunden, die er selber geschaffen.

Nun verlangte es Melkor nach den Silmaril, und schon die Erinnerung an ihren Glanz fraß wie ein Feuer an seinem Herzen. Von der Zeit an und in der Hitze dieser Begierde ging er noch unentwegter darauf aus, Feanor zu vernichten und der Freundschaft der Valar mit den Elben ein Ende zu machen; doch schlau verbarg er seine Absichten, und nichts war von seiner Tücke zu sehen in dem Gebaren, das er zur Schau trug. Lange war er geschäftig, und schleppend und dürftig kamen zuerst die Erfolge. Doch wer Lügen sät, dem wird am Ende die Ernte nicht mangeln, und bald kann er gar von der Arbeit ruhen, während andre für ihn mähen und ackern. Stets fand Melkor manche Ohren, die hörten, und manche Zungen, die das Gehörte vergrößerten und verbreiteten; und seine Lügen gingen von Freund zu Freund, als Geheimnisse zum Weitersagen. Bitter mußten die Noldor in den Tagen hernach ihren Wahn büßen, daß sie die Ohren so offen gehalten.

Als Melkor sah, daß viele der Noldor ihm geneigt waren, mischte er sich oft unter sie, und zwischen seine schönen Worte waren andere eingeflochten, so fein, daß mancher, der sie vernahm, in der Erinnerung meinte, sie seien dem eignen Denken entsprungen. Gesichte beschwor er herauf in ihren Herzen, von großen Reichen, wo sie nach eignem Willen frei und mächtig im Osten regiert haben könnten; und schon liefen Gerüchte um, die Valar hätten aus Eifersucht die Eldar nach Aman geholt, aus Furcht, die Schönheit der Quendi und die Schöpferkraft, die ihnen Ilúvatar vererbt, möchten zu groß werden, als daß die Valar sie beherrschen könnten, wenn sich die Elben über die weiten Lande der Welt hin vermehrten und verbreiteten.

Überdies wußten zwar zu jener Zeit die Valar schon von den Menschen, die kommen würden, die Elben aber wußten davon nichts, denn Manwe hatte es ihnen nicht offenbart. Melkor aber sprach heimlich zu ihnen von den Sterblichen Menschen, um zu sehen, ob sich das Stillschweigen der Valar nicht zum Bösen auslegen ließe. Wenig wußte auch er noch von den Menschen, denn in eigne Gedanken versunken, hatte er während der Musik kaum auf Ilúvatars Drittes Thema geachtet; doch schon lief das Gerücht um, gefangengehalten würden die Elben von Manwe, damit die Menschen sie aus den Königreichen von Mittelerde verdrängen sollten, denn diese kurzlebige und schwächere Rasse glaubten die Valar leichter beherrschen zu können, hätten sie nur erst die Elben um Ilúvatars Erbe betrogen. Wenig Wahres war an all dem, und kaum haben die Valar je vermocht, den Willen der Menschen zu lenken; und doch glaubten viele der Noldor den tückischen Reden, oder glaubten ihnen zur Hälfte.

So war der Friede von Valinor vergiftet, ehe noch die Valar davon wußten. Die Noldor begannen gegen sie zu murren, und viele wurden stolz und vergaßen, wie vieles, das sie nun besaßen und wußten, als Geschenk der Valar an sie gekommen war. Am wildesten brannte die neue Flamme des Begehrens nach Freiheit und größeren Reichen in dem stürmischen Herzen Feanors, und Melkor lachte in sich hinein, denn auf Feanor hatten seine Lügen gezielt, den er vor allen haßte; und immer verlangte es ihn nach den Silmaril. Doch diesen durfte er sich nicht nahen; denn wenn auch Feanor sie zu großen Festen trug, wo sie an seiner Stirn flammten, so wurden sie zu anderen Zeiten streng bewacht, verschlossen in seinen tiefen Schatzkammern in Tirion. Denn Feanor begann die Silmaril mit Gier zu lieben, und allen, bis auf seinen Vater und seine sieben Söhne, mißgönnte er ihren Anblick; nur selten erinnerte er sich jetzt noch, daß das Licht in ihnen nicht sein eigen war.

Edle Prinzen waren Feanor und Fingolfin, die ältesten Söhne Finwes, von allen in Aman geehrt; nun aber wurden sie stolz, und eifersüchtig hütete ein jeder seine Rechte und seinen Besitz. Da verbreitete Melkor neue Lügen in Eldamar, und Feanor kam zu Ohren, Fingolfin und seine Söhne hätten sich verschworen, Finwe und der älteren Linie Feanors die Macht zu entreißen und an ihre Stelle zu treten, mit Billigung der Valar, denen es nicht behage, daß die Silmaril in Tirion lägen und nicht ihrem Gewahrsam anvertraut würden. Zu Fingolfin und Finarfin aber wurde gesagt: »Nehmt euch in acht! Wenig Liebe hat Míriels stolzer Sohn je für Indis' Kinder gehegt. Jetzt ist er mächtig geworden und hat seinen Vater in der Hand. Nicht lange, und er wird euch vom Túna vertreiben!«

Und als Melkor sah, daß seine Lügen Fuß gefaßt hatten und Hochmut und Zorn unter den Noldor erwacht waren, da sprach er zu ihnen von Waffen; und zu dieser Zeit begannen die Noldor

Schwerter und Äxte und Speere zu schmieden. Und auch Schilde fertigten sie an, welche die Wappen vieler Häuser und Sippen zeigten, die miteinander wetteiferten; und nur diese führten sie sichtbar mit sich, während sie von den andren Waffen nicht sprachen, denn jeder glaubte, nur er allein habe die Warnung erhalten. Und Feanor richtete insgeheim eine Schmiede ein, von der selbst Melkor nichts wußte, und dort erfand er grausame Schwerter für sich und seine Söhne und große Helme mit roten Federbüschen. Bitter reute Mahtan der Tag, da er Nerdanels Gatten all seine Wissenschaft vom Schmieden gelehrt hatte, so wie er selbst sie von Aule erfahren.

Mit solchen Lügen, bösen Gerüchten und tückischem Rat entfachte Melkor Zwietracht in den Herzen der Noldor; und in ihrem Streit ging schließlich der Mittag von Valinor zu Ende, und der Abend seines alten Glanzes brach an. Denn Feanor begann nun offen aufrührerische Reden gegen die Valar zu führen; er rief laut aus, daß er aus Valinor in die Welt draußen heimkehren und die Noldor aus der Knechtschaft erlösen werde, wenn sie ihm folgten.

Da herrschte große Erregung in Tirion, und Finwe war bestürzt; und er rief all seine Edlen zum Rate zusammen. Fingolfin aber eilte in Finwes Hallen und trat vor ihn und sagte: »König und Vater, willst du nicht den Stolz unseres Bruders Curufinwe zügeln, den man den Feuergeist nennt, und nur allzu wahr ist's? Mit welchem Rechte spricht er für unser ganzes Volk, als wäre er der König? Du warst es, der vor langer Zeit zu den Quendi gesprochen und sie gebeten, dem Ruf der Valar nach Aman zu folgen. Du hast sie geführt auf dem langen Weg durch die Gefahren von Mittelerde bis ins Licht von Eldamar. Wenn dich das jetzt nicht gereut, so hast du wenigstens noch zwei Söhne, die deine Worte in Ehren halten.«

Doch während Fingolfin noch sprach, trat Feanor in den Saal, in voller Rüstung: den großen Helm auf dem Haupte und an der Seite ein gewaltiges Schwert. »So also ist es, wie ich mir gedacht«, sagte er. »Mein Halbbruder ist vor mir bei meinem Vater, wie hier, so auch in allen andern Dingen.« Dann trat er auf Fingolfin zu, zog sein Schwert und rief: »Pack dich, dorthin, wo dein Platz ist!«

Fingolfin verbeugte sich vor Finwe, und ohne ein Wort oder einen Blick für Feanor ging er aus dem Saal. Feanor aber folgte ihm, und am Tor des königlichen Hauses hielt er ihn an, und die Spitze des blanken Schwertes setzte er Fingolfin auf die Brust. »Sieh nur, Halbbruder!« sagte er. »Dies hier ist noch schärfer als deine Zunge. Versuche du noch einmal, mich von meinem Platze und aus der Liebe meines Vaters zu verdrängen, und es wird die Noldor vielleicht von einem befreien, der nach der Herrschaft über Knechte strebt.«

Diese Worte hörten viele mit an, denn Finwes Haus lag an dem großen Platz unter dem Mindon; wieder aber gab Fingolfin keine Antwort, und schweigend schritt er durch die Menge, um Finarfin, seinen Bruder, aufzusuchen.

Nun war zwar die Unruhe unter den Noldor den Valar nicht mehr verborgen, doch im Dunkeln war sie gesät worden; daher, weil Feanor als erster offen gegen sie geredet, meinten sie, er, der Eigenwillige und Selbstherrliche, sei der Treiber hinter der Unzufriedenheit, wenn auch alle Noldor nun hochfahrend geworden waren. Und Manwe war bekümmert, doch er sah zu und sagte kein Wort. Die Valar hatten die Eldar als Freie in ihr Land geholt, die dort bleiben oder es verlassen konnten; und mochten sie es auch für Torheit halten, wenn sie fort wollten, hindern konnten sie es nicht. Was aber Feanor getan, konnte nicht hingenommen werden; und so wurde er aufgefordert, an den Toren von Valmar vor sie hinzutreten und für all seine Worte und Taten Rede zu stehen. Auch alle anderen, die daran Anteil gehabt oder etwas davon wußten, wurden herbeigerufen; und Feanor stand vor Mandos im Ring des Schicksals und wurde geheißen, auf alle Fragen zu antworten, die man ihm stellte. Da endlich wurde die Wurzel bloßgelegt, und Melkors Tücke kam heraus, und sogleich verließ Tulkas den Rat, um Hand auf ihn zu legen und ihn wieder vor das Gericht zu bringen. Doch auch Feanor wurde nicht für schuldlos befunden, denn er war es, welcher den Frieden von Valinor gebrochen und das Schwert gezogen hatte gegen seinen Bruder; und Mandos sagte zu ihm: »Von Knechtschaft sprichst du. Wenn es Knechtschaft ist, so kannst du ihr nicht entgehen, denn König von Arda ist Manwe, und nicht allein von Aman. Und deine Tat war wider das Recht, ob in Aman oder nicht in Aman. Daher wird nun dieses gesprochen: Für zwölf Jahre sollst du Tirion verlassen, wo diese Drohung geäußert wurde. In der Zeit halte Rat mit dir selbst, und erinnere dich, wer und was du bist. Nach dieser Zeit aber soll dies in Frieden beigelegt sein und für abgebüßt gelten, wenn andere dir verzeihen.«

Da sagte Fingolfin: »Ich werde meinem Bruder verzeihen.« Feanor aber gab kein Wort zur Antwort; stumm stand er vor den Valar. Dann wandte er sich um, ging fort aus dem Rate und verließ Valmar.

Ihm folgten seine sieben Söhne in die Verbannung, und im Norden von Valinor bauten sie sich einen festen Platz und ein Schatzhaus in den Bergen; und dort in Formenos horteten sie vielerlei Gemmen und auch Waffen; und die Silmaril wurden in eine Kammer von Eisen geschlossen. Dorthin kam auch Finwe, der König, weil er Feanor liebte; und Fingolfin regierte die Noldor in Tirion. So waren dem Anschein nach Melkors Lügen wahr geworden, wenn auch Feanor dies durch eignes Tun erreicht hatte; und die Verbitterung, die Melkor gesät, dauerte fort und lebte noch lange hernach zwischen Fingolfins und Feanors Söhnen.

Melkor nun, als er erfuhr, daß seine Ränke entdeckt waren, verbarg sich und zog von Ort zu Ort wie eine Wolke in den Bergen; und vergebens suchte ihn Tulkas. Da schien es allen in Valinor, als wäre das Licht der Bäume getrübt; und die Schatten aller Dinge, die aufrecht standen, wurden zu der Zeit länger und dunkler.

Es wird erzählt, eine Zeitlang sei Melkor in Valinor nicht mehr gesehen worden, noch hörte man irgendein Gerücht über ihn, bis er plötzlich nach Formenos kam und mit Feanor sprach, vor seiner Tür. Freundschaft schützte er vor mit schlauen Reden und gemahnte ihn an seinen alten Wunsch, aus den Netzen der Valar zu entfliehen; und er sagte: »Bedenk nur, wie wahr alles ist, was ich gesprochen, und wie ungerecht sie dich verbannt haben. Wenn aber Feanors Herz immer noch so frei und kühn ist, wie es seine Reden in Tirion waren, so will ich ihm helfen und ihn weit herausführen aus diesem engen Land. Denn bin nicht auch ich ein Vala? Ich bin's, und mehr als die, welche da stolz in Valimar sitzen; und immer bin ich ein Freund der Noldor gewesen, des kunstreichsten und tapfersten unter den Völkern von Arda.«

Nun war Feanors Herz noch immer bitter von

seiner Demütigung vor Mandos, und er sah Melkor schweigend an und überlegte, ob er diesem wohl soweit trauen könne, daß er ihm zur Flucht verhelfe. Und Melkor, der sah, daß Feanor schwankte, und wußte, welchen Platz die Silmaril in seinem Herzen einnahmen, sagte zuletzt: »Ein fester Platz ist dies hier und gut bewacht, doch glaube nicht, daß die Silmaril in irgendeiner Schatzkammer sicher liegen werden im Reich der Valar!«

Aber seine List traf übers Ziel hinaus. Seine Worte griffen zu tief und entfachten ein wilderes Feuer, als er beabsichtigt hatte; und Feanor sah Melkor mit Augen an, die durch sein edles Gebaren hindurchbrannten und alle Schleier seines Geistes zerrissen, und er sah sein wildes Gelüst nach den Silmaril. Haß vertrieb da Feanors Furcht, und er verwünschte Melkor und jagte ihn fort mit den Worten: »Kehr dich von meiner Tür, du Krähe aus Mandos' Kerker!« Und vor dem mächtigsten aller Bewohner von Ea schlug er die Tür seines Hauses zu.

Da schlich Melkor in Schande davon, denn er war selbst in Gefahr, und noch sah er die Zeit seiner Rache nicht gekommen; sein Herz aber war schwarz vor Wut. Und Finwe war von tiefer Furcht erfüllt, und in aller Eile sandte er Boten zu Manwe in Valmar.

Dort saßen die Valar vor ihren Toren zu Rate, besorgt über die länger werdenden Schatten, als die Boten aus Formenos eintrafen. Sogleich sprangen Orome und Tulkas auf, doch als sie sich eben zur Verfolgung anschickten, kamen Boten aus Eldamar, die berichteten, Melkor sei durch den Calacirya geflohen, und von dem Hügel von Túna aus hatten die Elben ihn im Zorn vorbeiziehen sehen, wie eine Gewitterwolke. Und sie sagten, von dort aus habe er sich nach Norden gewandt, denn die Teleri in Alqualonde hatten seinen Schatten über ihrem Hafen gesehen, wie er gen Araman zog.

So verschwand Melkor aus Valinor, und eine Zeitlang schienen die Zwei Bäume wieder ungetrübt, und das Land war voller Licht. Doch vergebens forschten die Valar nach ihres Feindes Verbleib; und wie eine Wolke in weiter Ferne, die immer höher heraufzieht, getragen von einem leisen kalten Wind, so hing nun ein Zweifel über allen Freuden der Bewohner von Aman, ein Bangen, sie wußten nicht, vor welchem Unglück.

Von der Verdunkelung Valinors

Als Manwe erfuhr, welchen Weg Melkor genommen, schien es ihm klar, daß er in seine alten Hochburgen im Norden von Mittelerde zu entkommen gedachte; und Orome und Tulkas eilten nach Norden, so schnell sie konnten, um ihn einzuholen, doch weder Spur noch Gerücht fanden sie von ihm jenseits des Ufers der Teleri, in den unbevölkerten Öden, die sich zum Eise hin erstreckten. Darauf wurden die Wachen an den nördlichen Grenzen von Aman verdoppelt. Doch umsonst, denn ehe noch die Verfolger sich aufmachten, war Melkor schon umgekehrt und heimlich weit in den Süden gegangen. Denn noch war er einer der Valar und vermochte die Gestalt zu wechseln oder ihrer ganz zu entraten, wie die andren Valar, auch wenn er diese Kraft bald für immer einbüßen sollte.

Ungesehen kam er so schließlich in den dunklen Bezirk von Avathar. Dieses schmale Stück Land lag südlich der Bucht von Eldamar, unter den Osthängen der Pelóri, und seine langen und traurigen Küsten erstreckten sich weit in den Süden, lichtlos und unerforscht. Dort, unter den kahlen Wänden der Berge und an dem kalten, dunklen Meer waren die tiefsten und dichtesten Schatten der Welt; und dort in Avathar, geheim und keinem bekannt, hatte Ungolianth sich niedergelassen. Die Eldar wußten nicht, woher sie kam, doch manche haben gesagt, vor vielen Altern sei sie aus dem Dunkel um Arda herabgestiegen, als Melkor anfing, Manwe sein Königreich zu neiden, und eine von jenen sei sie gewesen, die er gleich zu Anfang verführte, ihm zu dienen. Sie aber hatte ihrem Herrn aufgekündigt, denn Herrin ihrer eigenen Begierden wollte sie sein und alle Dinge für sich nehmen, um ihre Leere damit zu füttern; und sie floh in den Süden, wo sie sicher war vor den Angriffen der Valar und vor den Jägern Oromes, denn die achteten immer nur auf den Norden, und der Süden blieb lange unbewacht. Von dort war sie näher an das Licht des Segensreiches herangekrochen, denn sie hungerte nach dem Licht und haßte es.

In einer Schlucht hauste sie, in Gestalt einer ungeheuren Spinne, und wob ihre schwarzen Netze über einen Schrund in den Bergen. Da sog sie alles Licht auf, das sie nur finden konnte, und spann daraus dunkle Netze von würgender Finsternis, bis kein Lichtschimmer mehr zu ihr durchdrang und sie am Verhungern war.

Nach Avathar kam nun Melkor und suchte sie auf; und er nahm wieder die Gestalt an, in welcher er als der Tyrann von Utumno erschienen war, ein dunkler Fürst, groß und schrecklich. Diese Gestalt behielt er fortan für immer.

Dort, in den schwarzen Schatten, wohin selbst Manwe von seinen höchsten Hallen aus nicht sehen konnte, heckte Melkor mit Ungolianth seine Rache aus. Als aber Ungolianth Melkors Absicht begriff, da schwankte sie zwischen Gier und Furcht, denn sie scheute sich, den Gefahren von Aman und der Macht seiner schrecklichen Herren zu begegnen, und sie mochte sich aus ihrem Versteck nicht rühren. Daher sagte Melkor zu ihr: »Tu, wie ich dir sage, und wenn du dann, nachdem alles vollbracht, immer noch hungrig bist, dann will ich dir geben, wonach immer es dich gelüstet, fürwahr, mit beiden Händen.« Leichthin schwur er den Eid, wie immer, und er lachte in sich hinein. So ködert der große Dieb den geringern.

Einen Mantel von Dunkelheit wob Ungolianth um sie beide, als sie mit Melkor aufbrach: das Unlicht, in welchem die Dinge nicht mehr dazusein schienen und das kein Auge durchdringen konnte, denn es war leer. Dann spann sie langsam ihre Netze, Tau über Tau von Spalte zu Spalte, von Fels zu Fels, immer weiter hinauf, kriechend und klebend, bis sie zuletzt auf dem obersten Gipfel des Hyarmentir anlangte, des höchsten Berges in diesem Teil der Welt, weit südlich des großen Taniquetil. Dort hielten die Valar keine Wache, denn westlich der Pelóri lag nur ein leeres Land im Dämmerlicht, und nach Osten zu sah man von den Bergen aus, bis auf das vergessene

Avathar, nur die trüben Wasser des weglosen Meeres.

Auf dem Berggipfel aber lag nun die dunkle Ungolianth, und sie flocht eine Leiter aus Tauen und warf sie hinab; und Melkor stieg herauf und kam auf den hohen Platz, und als er neben ihr stand, sah er hinab, auf das Bewachte Reich. Unter ihnen lagen Oromes Wälder, und im Westen schimmerten Yavannas Wiesen und Felder, Gold unter dem hohen Weizen der Götter. Melkor aber blickte nach Norden und sah in der Ferne die leuchtende Ebene und die silbernen Kuppeln von Valmar, wie sie im gemischten Licht Telperions und Laurelins glänzten. Da lachte Melkor laut auf, und sprang geschwind die langen westlichen Hänge hinunter; und Ungolianth war an seiner Seite, und ihr Dunkel deckte sie beide.

Nun war eben die Zeit eines Festes, wie Melkor wohl wußte. Denn wenn auch alle Wetter und Jahreszeiten den Valar zu Willen standen und Valinor den Winter des Todes nicht kannte, so lebten die Valar damals dennoch im Königreich Arda, und dies war nur ein kleiner Bezirk in den Hallen von Ea, deren Leben die Zeit ist, die stets vom ersten Ton bis zu Erus letztem Akkord dahinströmt. Und so wie es den Valar eine Freude war (wie in der ›Ainulindale‹ berichtet), sich in die Gestalt der Kinder Ilúvatars zu hüllen wie in ein Kleid, so aßen und tranken sie auch und pflückten die Früchte Yavannas von der Erde, die sie unter Eru geschaffen.

Yavanna bestimmte daher die Zeiten, zu denen alles, was in Valinor wuchs, blühte und reifte; und zum Beginn jeder Ernte gab Manwe ein großes Fest, Eru zu Ehren, wo alle Völker von Valinor ihre Freude in Musik und Liedern auf dem Taniquetil ausließen. Dies war nun die Stunde, und Manwe befahl ein Fest an, das glänzender sein sollte als alle früheren, seit die Eldar nach Aman gekommen. Denn wenn auch Melkors Flucht Kummer und Mühen verhieß und niemand zu sagen wußte, welche Wunden Arda noch leiden mochte, ehe er wieder gebändigt war, so wollte zu dieser Zeit Manwe doch das Übel heilen, von dem die Noldor befallen waren; und alle wurden in seine Hallen auf dem Taniquetil geladen, um dort den Zwist unter ihren Prinzen zu begraben und alle Lügen des Feindes vergessen zu machen.

Es kamen die Vanyar, und es kamen die Noldor aus Tirion, und die Maiar waren versammelt, und die Valar erschienen in all ihrer Pracht und Schönheit; und sie sangen vor Manwe und Varda in ihren hohen Hallen oder tanzten auf den grünen Hängen des Berges, die nach Westen, zu den Bäumen hin, abfielen. Die Straßen von Valmar waren leer an diesem Tag, und auf den Stufen von Tirion war es still, und das ganze Land lag und schlief in Frieden. Nur die Teleri jenseits der Berge sangen noch an den Ufern des Meeres, denn sie kümmerten sich wenig um Ernten und Jahreszeiten und machten sich keine Gedanken über die Sorgen der Herrscher von Arda, noch über den Schatten, der auf Valinor gefallen war, denn sie hatte er noch nicht berührt.

Eines nur verdarb Manwes Plan. Feanor kam zwar, denn nur ihm hatte Manwe befohlen, zu kommen, doch Finwe kam nicht, noch irgendein andrer der Noldor von Formenos. Denn, so sagte Finwe: »Solange der Bann auf Feanor liegt, meinem Sohn, daß er nicht nach Tirion gehen darf, so lange bin ich nicht König und so lange gehe ich nicht zu meinem Volk.« Und Feanor kam nicht im Festgewand und trug keinen Schmuck, weder Silber noch Gold, noch Gemmen; und er verweigerte den Valar und den Eldar den Anblick der Silmaril, denn die hatte er in ihrer eisernen Kammer in Formenos gelassen. Immerhin aber sprach er vor Manwes Thron mit Fingolfin, und in Worten war er versöhnt; und Fingolfin erklärte das gezogene Schwert für nichtig und vergessen. Und Fingolfin hob die Hand und sagte: »Wie ich versprochen, so tue ich jetzt. Ich verzeihe dir, und ich erinnere mich keines Zwistes.«

Dann nahm Feanor schweigend seine Hand; Fingolfin aber sagte: »Dein Halbbruder im Blut, doch ganz dein Bruder im Herzen will ich sein.

Befiehl du, und ich will folgen. Möge kein Zwist uns scheiden!«

»Ich höre dich«, sagte Feanor. »So sei es.« Aber sie wußten nicht, welcher Sinn ihren Worten zuwachsen sollte.

Es wird erzählt, daß, als Feanor und Fingolfin eben vor Manwe standen, die Vermischung der Lichter eintrat, so daß beide Bäume leuchteten und die stille Stadt Valmar sich mit silbernen und goldnen Strahlen erfüllte. Und in diesem Augenblick kamen Melkor und Ungolianth über die Felder von Valinor geeilt, wie der Schatten einer schwarzen Wolke auf dem Winde über die besonnte Erde streicht; und sie kamen zu dem grünen Hügel Ezellohar. Dann griff Ungolianths Unlicht den Bäumen an die Wurzeln, und Melkor sprang auf den Hügel, und seinen schwarzen Speer stieß er beiden Bäumen durchs Herz, beide tief verwundend; und Saft quoll hervor wie Blut und verspritzte auf dem Boden. Ungolianth aber leckte ihn auf, und dann, von einem Baum zum andern gehend, setzte sie den schwarzen Rüssel an ihre Wunden, bis sie ganz ausgesogen waren; und das Todesgift, das in ihr war, floß in die Adern der Bäume und verdorrte sie an Wurzel, Zweig und Blatt; und sie starben. Und immer noch war sie durstig, und so ging sie zu Vardas Brunnen und trank sie leer; und schwarze Dämpfe rülpste sie hervor, als sie trank, und schwoll zu solcher Größe und Abscheulichkeit, daß Melkor sich fürchtete.

So fiel das große Dunkel über Valinor. Von den Geschehnissen an jenem Tag werden viele im ›Aldudénië‹ berichtet, das Elemmíre von den Vanyar schrieb und das allen Eldar bekannt ist. Doch kein Lied und keine Erzählung vermag all das Leid und den Schrecken aufzunehmen, die nun hereinbrachen. Das Licht war fort; doch das Dunkel, das folgte, war mehr als nur Verlust des Lichtes. In jener Stunde wurde ein Dunkel gewirkt, das nicht ein Mangel zu sein schien, sondern ein Ding von eignem Leben: hatte doch Tücke es aus dem Licht selber erschaffen, und es hatte Kraft, durchs Auge in Herz und Geist zu dringen und den Willen selbst zu ersticken.

Varda blickte vom Taniquetil hinab und sah, wie sich der Schatten plötzlich zu Türmen von Finsternis aufwarf; Valmar lag in einem tiefen Meer von Nacht versunken. Bald stand der Heilige Berg allein, die letzte Insel einer untergegangenen Welt. Alle Lieder verstummten. Schweigen war in Valinor, und kein Laut war mehr zu hören, nur von fern her trug der Wind durch den Gebirgspaß Klagerufe der Teleri, wie die kalten Schreie der Möwen. Denn es blies kühl aus dem Osten zu jener Stunde, und die großen Schatten der See rollten gegen die Felsen am Ufer.

Manwe aber sah von seinem hohen Sitz hinaus,

und sein Auge allein vermochte die Nacht zu durchdringen, bis auch er ein Dunkel in der Dunkelheit sah, das den Blick nicht einließ, riesengroß, doch in weiter Ferne, wo es in großer Eile nun nordwärts zog; und er wußte, daß Melkor gekommen und gegangen war.

Nun begann die Verfolgung; und die Erde zitterte unter den Rossen von Oromes Schar, und das Feuer, das Nahars Hufe schlugen, war das erste Licht, das man wieder in Valinor sah. Doch sobald die Reiter der Valar Ungolianths Wolke eingeholt hatten, fielen Blindheit und Verzagen über sie, und sie wurden versprengt und wußten nicht, wohin sie ritten; und der Klang des Valaróma stockte und erstarb. Und Tulkas wurde in einem schwarzen Netz von Nacht gefangen, und er stand machtlos da und schlug vergebens um sich. Und als das Dunkel vorüber war, da war es zu spät. Melkor war, wohin er gehen wollte, und seine Rache hatte er geübt.

Von der Verbannung der Noldor

Nach einer Weile sammelte sich eine große Menge um den Schicksalsring; und die Valar saßen im Dunkeln, denn es war Nacht. Doch von oben herab schimmerten nun Vardas Sterne, und die Luft war rein, denn Manwes Winde hatten die Todesdämpfe weggeweht und die Schatten des Meeres vertrieben. Da erhob sich Yavanna und trat auf den Grünen Hügel Ezellohar, doch der war nun schwarz und kahl. Und sie legte die Hände auf die Bäume, doch sie waren dunkel und tot, und jeder Zweig, den sie anrührte, brach ab und fiel ihr leblos zu Füßen. Da brachen viele Stimmen in Klagen aus, und den Trauernden schien es, als hätten sie den Becher des Leids schon bis zur Neige geleert. Doch dem war nicht so.

Yavanna sprach zu den Valar und sagte: »Das Licht der Bäume ist hin und lebt jetzt nur noch in den Silmaril. Hellsichtig war Feanor! Einmal, nur einmal können auch die Mächtigsten unter Ilúvatar manche Werke vollbringen. Das Licht der Bäume habe ich zum Sein erweckt, und nie wieder kann ich es tun, solange Ea dauert. Doch hätte ich nur ein wenig von diesem Licht, so könnte ich die Bäume wieder ins Leben zurückrufen, ehe ihre Wurzeln verfault sind; und dann wäre unser Schmerz geheilt und Melkors Tücke vereitelt.«

Da sprach Manwe und sagte: »Hast du vernommen, was Yavanna gesagt, Feanor, Finwes Sohn? Wirst du gewähren, was sie verlangt?«

Lange schwiegen sie, doch Feanor erwiderte kein Wort. Da rief Tulkas: »Sprich, o Noldo, ja oder nein! Doch wer könnte Yavanna dies verwehren? Und ist das Licht der Silmaril nicht von ihrem Werke genommen?«

Doch Aule, der Meister, sagte: «Vorlaut sprichst du! Mehr verlangen wir von ihm, als du ahnst. Laßt ihn noch eine Weile in Frieden.«

Doch nun sprach Feanor, bitterlich weinend: »Der Geringe wie der Hohe kann manches Werk nur einmal vollbringen, und an diesem Werk hängt sein Herz. Ich kann vielleicht meine Steine hergeben, doch nie mehr werde ich ihresgleichen schaffen; und wenn ich sie zerbrechen muß, so zerbreche ich mein Herz, und ich werde erschlagen, als erster von allen Eldar in Aman.«

»Nicht als erster«, sagte Mandos, doch das verstand niemand, und wieder war Schweigen, während Feanor im Dunkeln brütete. Ihm schien, er sei umringt von Feinden, und Melkors Worte fielen ihm wieder ein, daß die Silmaril nicht sicher seien, weil die Valar sie besitzen wollten. »Und ist er nicht ebenso ein Vala wie sie«, dachte er, »und sollte er ihr Herz nicht kennen? Fürwahr, der Dieb wird die Diebe verraten!« Dann rief er laut aus: »Dies tu ich nicht aus freiem Willen! Wenn aber die Valar mich zwingen, dann weiß ich, wahrlich von ihrer Sippe ist Melkor.«

Da sagte Mandos: »Du hast gesprochen.« Nienna aber erhob sich und ging auf den Ezellohar und warf ihren grauen Schleier zurück und wusch mit ihren Tränen den Schmutz Ungolianths ab; und klagend sang sie von der Bitterkeit der Welt und vom Verderben Ardas.

Doch während Nienna noch klagte, kamen Boten aus Formenos; es waren Noldor, und sie brachten Nachricht von neuem Unheil. Eine blinde Dunkelheit, so berichteten sie, war nach Norden gekommen, und darin ging eine Kraft, für die es keinen Namen gab, und die Dunkelheit wuchs aus ihr hervor. Doch auch Melkor war da, und er kam zum Hause Feanors und dort, vor seiner Tür, erschlug er Finwe, den König der Noldor, und vergoß das erste Blut im Segensreich; denn Finwe allein war vor dem Schrecken des Dunkels nicht geflohen. Und sie berichteten, daß Melkor die Befestigungen von Formenos durchbrochen und alle Edelsteine der Noldor, die dort verwahrt lagen, weggenommen hatte; und die Silmaril waren fort.

Da stand Feanor auf, und die Faust vor Manwe erhebend verfluchte er Melkor und hieß ihn *Morgoth,* den Schwarzen Feind der Welt; und für immer hernach kannten ihn die Eldar nur unter diesem Namen. Und er verfluchte auch die Stunde, zu der Manwe ihn auf den Taniquetil gerufen hatte, denn vor Wut und Schmerz von Sinnen meinte er, seine Kraft, wäre er in Formenos geblieben, hätte zu mehr getaugt, als ihm gleichfalls den Tod zu bereiten, wie es Melkors Absicht gewesen war. Dann lief Feanor fort aus dem Schicksalsring und floh in die Nacht hinaus; denn teurer war ihm sein Vater als das Licht von Valinor oder das unvergleichliche Werk seiner Hände; und wer von allen Söhnen der Elben und Menschen hätte seinen Vater je höher in Ehren gehalten?

Viele waren da bekümmert über Feanors Schmerz, doch war der Verlust nicht nur der seine; und Yavanna weinte unter dem Hügel, in Furcht, das Dunkel werde die letzten Strahlen des Lichtes von Valinor für immer verschlingen. Denn wenn auch die Valar noch nicht recht verstanden, was geschehen war, so erkannten sie doch, daß Melkor Hilfe erlangt hatte, die nicht von Arda kam. Die Silmaril waren fort, und einerlei mag es scheinen, ob Feanor ja oder nein zu Yavannas Bitte gesagt; hätte er aber zuerst ja gesagt, ehe die Botschaft aus Formenos kam, so hätte er vielleicht später anders gehandelt. Nun aber rückte das Schicksal der Noldor heran.

Morgoth unterdessen, der Verfolgung durch die Valar entkommen, war in die Ödlande von Araman gelangt. Diese lagen im Norden zwischen dem Gebirge der Pelóri und dem Großen Meer, ähnlich wie Avathar im Süden; Araman aber war größer, und zwischen den Küsten und dem Gebirge erstreckten sich kahle Ebenen, die, je näher zum Eise hin, immer kälter wurden. Dieses Gebiet nun durcheilten Morgoth und Ungolianth, und so kamen sie durch die großen Nebelfelder von Oiomúre zur Helcaraxe, der Meerenge zwischen Araman und Mittelerde, die voller zermalmender Eisberge war. Sie gingen hinüber und kamen so endlich wieder in den Norden der Außenlande. Zusammen zogen sie weiter, denn Morgoth konnte Ungolianth nicht abschütteln; ihre Wolke war noch um ihn gebreitet, und alle ihre Augen lagen auf ihm. Und so kamen sie in die Lande nördlich des Fjords von Drengist. Morgoth näherte sich nun den Ruinen von Angband, wo seine große Burg im Westen gestanden war; und Ungolianth sah, worauf er hoffte, und sie wußte, dort würde er ihr zu entkommen trachten. Und so hielt sie ihn an und forderte, daß er sein Versprechen erfülle.

»Schwarzherz«, sagte sie, »ich habe getan, wie du mich geheißen. Aber noch immer bin ich hungrig.«

»Was verlangst du mehr?« sagte Morgoth. »Begehrst du die ganze Welt für deinen Bauch? Ich habe nicht gelobt, sie dir zu geben. Ich bin ihr Herr.«

»So viel nicht«, sagte Ungolianth. »Doch hast du einen großen Schatz aus Formenos, und das alles will ich haben. Fürwahr, mit beiden Händen sollst du es mir geben.«

Da überließ ihr Morgoth notgedrungen die Gemmen, die er bei sich trug, und grollend gab er ihr eine nach der andern; und sie verschlang sie, und ihre Schönheit verschwand aus der Welt. Größer und dunkler noch wurde Ungolianth, doch ihre Gier war ungestillt. »Mit einer Hand gibst du«, sagte sie, »allein mit der Linken. Öffne deine Rechte!«

Fest in seiner Rechten hielt Morgoth die Silmaril, und obgleich sie in einem kristallenen Kästchen steckten, fingen sie an, ihn zu versengen, und seine Hand war verkrampft vor Schmerz, doch wollte er sie nicht öffnen. »Nimmer!« sagte er. »Du hast dein Teil bekommen. Denn mit meiner Kraft, die ich dir verliehen, wurde dein Werk vollbracht. Deiner bedarf ich nicht mehr. Diese Dinge sollst du nicht haben noch sehen. Ich nenne sie mein eigen auf ewig.«

Doch Ungolianth war groß und er kleiner geworden durch die Kraft, die aus ihm geflossen war; und sie richtete sich vor ihm auf, und ihre Wolke schloß sich über ihm, und sie fing ihn in einem Netz klebriger Riemen, um ihn zu erwürgen. Da stieß Morgoth einen furchtbaren Schrei aus, der in den Bergen widerhallte. Jene Gegend wurde daher Lammoth geheißen, denn das Echo seiner Stimme hauste für immer dort, so daß jeder, der in diesem Lande laut schrie, es weckte

und die ganze Öde zwischen den Bergen und der
See mit einem Lärm wie von gepeinigten Stimmen erfüllte. Morgoths Schrei zu jener Stunde
war der gewaltigste und schrecklichste, der in der
nördlichen Welt je vernommen wurde; die Berge
wankten, und die Erde bebte, und Felsen wurden
gespalten. Tief an vergessenen Orten fand der
Schrei Gehör. Weit unter den zertrümmerten
Hallen von Angband, in Verliesen, bis zu denen
die Valar in der Hast des Krieges nicht hinabgestiegen waren, lauerten noch immer Balrogs und
warteten auf die Rückkehr ihres Herrn; diese
stiegen nun geschwind herauf und kamen durch
Hithlum wie ein Feuersturm nach Lammoth gefahren. Mit ihren Flammengeißeln zerfetzten sie
Ungolianths Netze, und sie verzagte und wandte
sich zur Flucht, schwarze Dämpfe ausspeiend,
die sie deckten. Aus dem Norden floh sie hinab
nach Beleriand, wo sie unter den Ered Gorgoroth
hauste, in dem düstern Tale, das später Nan
Dungortheb hieß, das Tal des Abscheulichen Todes, nach dem Grauen, das sie dort ausbrütete.
Denn noch andere ekle Geschöpfe in Spinnengestalt nisteten dort seit der Zeit, als die Höhlen
von Angband gegraben wurden, und mit diesen
paarte sie sich, bevor sie sie fraß; und auch nachdem Ungolianth selbst abgezogen war in den vergessenen Süden der Welt, hauste ihre Brut weiter
dort und wob ihre scheußlichen Netze. Keine Erzählung berichtet von Ungolianths Schicksal.

Doch manche haben gesagt, vor langer Zeit habe sie ihr Ende gefunden, als sie im schlimmsten Hunger sich selbst verschlang.

Und so trat nicht ein, was Yavanna befürchtet hatte, daß die Silmaril verschlungen und ins Nichts fallen würden; doch blieben sie in der Gewalt Morgoths. Und der, nachdem er befreit war, scharte wieder all seine Diener um sich, die er noch finden konnte, und zog zu den Trümmern von Angband. Dort grub er von neuem seine gewaltigen Höhlen und Verliese, und über ihren Toren türmte er die dreizackigen Gipfel von Thangorodrim auf, die immer von einer großen Fahne schwarzen Rauches umlagert waren. Zahllos wurden dort die Scharen seines Getiers und seiner Dämonen, und die Brut der Orks, lange zuvor schon gezüchtet, wuchs und mehrte sich in den Eingeweiden der Erde. Dunkel fiel nun der Schatten auf Beleriand, wie noch zu erzählen ist; in Angband aber schmiedete Morgoth eine große Krone von Eisen und nannte sich König der Welt. Zum Zeichen solcher Würde setzte er die Silmaril in seine Krone. Seine Hände waren schwarzgesengt von der Berührung der geweihten Steine, und schwarz blieben sie für immer; noch war er jemals frei von dem Schmerz des Brandes und von der Wut über den Schmerz. Die Krone nahm er nie von seinem Haupte, obwohl ihre Last ihm zur unerträglichen Qual wurde. Nie, bis auf einmal und da insgeheim, verließ er für längere Zeit sein Gebiet im Norden; selten verließ er auch nur die tiefen Räume seiner Festung, sondern herrschte über seine Heere von seinem nördlichen Thron. Und nur einmal, solange sein Reich währte, griff er selber zur Waffe.

Denn mehr noch als in den Tagen von Utumno, ehe sein Stolz erniedrigt wurde, verzehrte ihn jetzt der Haß, und sein Geist ging darin auf, seine Diener zu knechten und in ihnen die Lust am Bösen zu stacheln. Doch die Hoheit seiner Erscheinung als einer der Valar blieb lange gewahrt, wenngleich zum Schrecken gewendet, und vor seinem Antlitz versanken bis auf die Mächtigsten alle in einer dunklen Grube der Angst.

Als nun laut wurde, daß Morgoth aus Valinor entkommen war und daß Verfolgung nichts fruchtete, blieben die Valar lange in der Dunkelheit im Schicksalsring sitzen, und die Maiar und Vanyar standen neben ihnen und weinten; von den Noldor aber kehrten die meisten nach Tirion zurück und trauerten über das Dunkel auf ihrer weißen Stadt. Durch die trübe Schlucht des Calacirya trieben Nebel von den schattigen Meeren herein und legten sich um die Türme, und die Lampe von Mindon brannte fahl in der Finsternis.

Da erschien plötzlich Feanor in der Stadt und rief alle auf, zum Hochgericht des Königs auf dem Gipfel des Túna zu kommen; das Urteil aber, das ihn verbannte, war noch nicht aufgehoben, und er rebellierte gegen die Valar. Eine große Menge versammelte sich daher sogleich, um zu hören, was er sagen werde; und der Hügel und alle Stufen und Straßen, die zu ihm hinaufführten, waren hell von dem Licht der Fackeln, die alle in den Händen trugen. Ein Meister der Rede war Feanor, und seine Zunge hatte Gewalt über die Herzen; und in dieser Nacht hielt er den Noldor eine Rede, die sie nie vergaßen. Heiß und hart waren seine Worte, voller Zorn und Stolz; und die Noldor, als sie ihm zuhörten, wurden zum Wahnsinn getrieben. Seine Wut und sein Haß trafen am meisten Morgoth, und doch war fast alles, was er sagte, aus Morgoths Lügen selber erwachsen; aber er war außer sich vor Schmerz um den erschlagenen Vater und vor Zorn über den Raub der Silmaril. Er forderte nun das Königtum über alle Noldor, denn Finwe war tot, und er verhöhnte die Gebote der Valar.

»Warum, o Volk der Noldor«, rief er, »warum sollten wir weiter den neidischen Valar dienen, die uns auch in ihrem eignen Reich vor ihrem Feinde nicht zu schützen vermögen? Und zwar ist er jetzt ihr Feind, doch sind nicht sie und er von einem Geschlecht? Rache ruft mich fort von hier, doch wäre es selbst anders, ich wollte nicht länger in einem Lande wohnen mit der Sippe dessen, der meinen Vater erschlagen und meinen Schatz geraubt. Doch bin ich nicht der einzig Mutige in diesem mutigen Volk. Und habt nicht ihr alle euren König verloren? Und was alles habt ihr nicht außerdem verloren, hier eingepfercht in einem engen Lande zwischen den Bergen und dem Meer?

Hier war einmal das Licht, das die Valar Mittelerde nicht gönnten, doch nun macht das Dunkel alles gleich. Sollen wir hier auf ewig untätig trauern, ein Volk von Schatten und Nebelgängern, das vergebliche Tränen ins undankbare Meer schüttet? Oder sollen wir in unsere Heimat zurückkehren? Mild flossen die Wasser in Cuiviénen unter dem unbewölkten Sternenhimmel, und weite Lande lagen ringsum, wo ein freies Volk wandern konnte. Sie liegen dort noch immer und warten auf uns, die wir in unserem Wahn sie verlassen haben. Kommt, fort von hier! Mögen die Feiglinge diese Stadt hüten!«

Lange sprach er, stets den Noldor zuredend, daß sie ihm folgten und sich aus eigner Kraft Freiheit und große Reiche in den Ländern des Ostens errängen, bevor es zu spät sei; denn er redete Melkors Lügen nach, daß die Valar sie betrogen hätten und sie gefangen hielten, damit in Mittelerde die Menschen herrschen könnten. Viele der Eldar hörten hier zum ersten Mal von den Nachkömmlingen. »Glücklich soll der Ausgang sein«, rief er, »doch lang und hart ist der Weg. Sagt der Knechtschaft Lebwohl! Doch sagt auch der Ruhe Lebwohl! Sagt den Schwachen Lebwohl, sagt euren Schätzen Lebwohl! Größere werden wir erringen. Nehmt wenig mit auf den Weg: Doch vergeßt nicht eure Schwerter! Denn wir werden weiter gehen als Orome und länger standhalten als Tulkas: Wir werden nie ablassen von der Verfolgung. Hinter Morgoth sind wir her bis zu den Grenzen der Erde. Krieg soll er haben und Haß ohne Ende. Doch wenn wir gesiegt und die Silmaril zurückgewonnen haben, dann sind wir, wir allein, die Herren des unbesudelten Lichtes und Herren allen Glücks und aller Schönheit von Arda. Keine andere Rasse soll uns vertreiben!«

Dann schwur Feanor einen furchtbaren Eid. Seine sieben Söhne sprangen ihm zur Seite und legten mit ihm denselben Eid ab, und blutrot leuchteten ihre gezogenen Schwerter im Schein der Fackeln. Sie schwuren einen Eid, wie keiner ihn brechen darf und keiner ihn schwören sollte, im Namen Ilúvatars selbst, und sie riefen das Ewige Dunkel auf sich herab, wenn sie ihn nicht hielten; und Manwe zum Zeugen rufend, Varda und den heiligen Berg Taniquetil, gelobten sie, mit Haß und Rache bis ans Ende der Welt zu verfolgen jeden Vala, Dämon, Elben oder ungeborenen Menschen, oder jede Kreatur, ob groß oder klein, gut oder böse, welche die Zeit hervorbringen mochte bis ans Ende der Tage, wer immer einen Silmaril aus ihrem Besitz nehme, behalte oder verwahre.

So sprachen Maedhros und Maglor und Celegorm, Curufin und Caranthir, Amrod und Amras, Prinzen der Noldor; und vielen wurde bange, als sie die grimmigen Worte hörten. Denn so geschworen, ob gut oder böse, kann ein Eid nicht gebrochen werden, und Eidvollstrecker wie Eidbrecher verfolgt er bis ans Ende der Welt. Fingolfin und Turgon, sein Sohn, sprachen daher gegen Feanor, und böse Worte wurden gewechselt, so daß nicht viel fehlte und die Wut hätte abermals die Schwerter entblößt. Finarfin aber sprach besänftigend, wie es seine Art war; er redete den Noldor zu, innezuhalten und sich zu bedenken, ehe getan werde, was dann nicht mehr ungetan zu machen sei; und Orodreth sprach als einziger von seinen Söhnen im gleichen Sinne. Finrod hielt es mit Turgon, seinem Freunde; doch Galadriel, die einzige Frau der Noldor, die an diesem Tage hoch und kühn unter den streitenden Prinzen stand, brannte darauf, fortzuziehen. Sie schwur keinen Eid, doch Feanors Worte über Mittelerde waren in ihrem Herzen aufgegangen, denn sie sehnte sich danach, die weiten, unbewachten Lande zu sehen und ein Reich nach eignem Gutdünken zu regieren. Gleichen Sinnes wie Galadriel war Fingon, Fingolfins Sohn; auch ihn hatten Feanors Worte bewegt, obgleich er ihn wenig liebte; und zu Fingon hielten, wie immer, Angrod und Aegnor, Finarfins Söhne. Doch diese alle blieben still und sprachen nicht gegen ihre Väter.

Am Ende, nach langem Streit, hatte Feanor seinen Willen, und den größeren Teil der versammelten Noldor entflammte er mit der Sehnsucht nach neuen Dingen und fremden Ländern. Als Finarfin daher noch einmal für Bedenken und Abwarten sprach, erhob sich lautes Geschrei: »Nimmer, wir wollen fort!« Und auf der Stelle begannen Feanor und seine Söhne den Aufbruch vorzubereiten.

Wenig konnten sie voraussehen, die es wagten, einen so dunklen Weg zu beschreiten. Doch alles geschah nun in Übereile, denn Feanor trieb sie an, besorgt, wenn erst ihre Herzen abkühlten, möchten seine Worte verblassen und anderen Ratschlüssen unterliegen; denn bei all seinen stolzen Reden vergaß er doch nicht die Macht der Valar. Aber aus Valmar kam keine Botschaft, und Manwe blieb stumm. Er mochte Feanors Vorhaben weder verbieten noch hindern; denn die Valar waren gekränkt, daß man ihnen zutraute, sie hegten böse Absichten gegen die Eldar oder hielten sie gar gegen ihren Willen gefangen. Jetzt wachten und warteten sie, denn noch glaubten sie nicht, daß Feanor das Volk der Noldor lange an seinen Willen binden könne.

Und in der Tat gab es sogleich Zwietracht, als Feanor die Noldor zum Aufbruch zu scharen begann. Denn zwar hatte er die Versammlung zu dem Entschluß bewogen, fortzuziehen, doch waren bei weitem nicht alle eines Sinnes, Feanor zum König zu nehmen. Beliebter waren Fingolfin und seine Söhne; und seine Verwandten und die meisten Bewohner von Tirion weigerten sich, ihm abzusagen, wenn er mit ihnen ginge; und so machten sich die Noldor zuletzt in zwei getrennten Scharen auf ihren bitteren Weg. Feanor und sein Gefolge zogen voraus, doch die größere Schar folgte unter Fingolfin nach. Fingolfin ging mit wider besseres Wissen, weil Fingon, sein Sohn, ihn drängte und weil er sich von seinem Volk, das begierig war zu gehen, nicht trennen und es nicht den unbedachten Ratschlüssen Feanors ausliefern mochte. Auch hatte er seine Worte vor Manwes Thron nicht vergessen. Mit Fingolfin ging auch Finarfin, aus ähnlichen Gründen, doch mit dem größten Widerstreben. Und von allen Noldor in Valinor, die nun ein zahlreiches Volk geworden waren, wollte nur der zehnte Teil nicht auf den Weg: manche aus Liebe zu den Valar (und nicht zuletzt zu Aule), manche aus Liebe zu Tirion und den vielen Dingen, die sie geschaffen, niemand aus Furcht vor Gefahr.

Als aber die Trompete erschallte und Feanor aus den Toren von Tirion trat, kam schließlich doch ein Bote von Manwe und sagte: »Gegen Feanors Wahn höret nur meinen Rat. Gehet nicht fort! Denn bös ist die Stunde, und euer Weg führet in Leid, das ihr nicht voraussehet. Keine Hilfe werden euch die Valar gewähren zu dieser Fahrt, doch werden sie euch auch nicht hindern. Denn wisset dies: Wie ihr frei hierher gekommen, so seid ihr frei zu gehen. Du aber, Feanor, Finwes Sohn, bist ausgestoßen, aufgrund deines Eides. Bitter soll es dir werden, Melkors Lügen zu verlernen. Ein Vala ist er, sagst du. Dann hast du vergebens geschworen, denn keinen der Valar kannst du überwinden, jetzt nicht und niemals, solange Ea dauert, und wenn Eru, den du angerufen, dich dreimal größer geschaffen hätte, als du bist.«

Feanor aber lachte und sprach nicht zu dem Herold, sondern zu den Noldor und sagte: »So denn! Dies tapfere Volk wird also den Erben seines Königs mit seinen Söhnen allein in die Verbannung schicken und in seine Knechtschaft zurückkehren? Doch wenn noch einige mit mir kommen wollen, so sage ich ihnen: Ist euch Leid vorbestimmt? Nun, wir kennen es aus Aman. In Aman sind wir durch Glück zum Leid gekommen. Umgekehrt versuchen wir es jetzt: durch Leid zur Freude – oder wenigstens zur Freiheit.«

Dann, sich dem Herold zuwendend, rief er: »Sag dies zu Manwe Súlimo, dem Hohen König von Arda: Wenn Feanor Morgoth nicht besiegen kann, so zögert er doch nicht, ihn anzugreifen, und sitzt nicht müßig in Trauer da. Und vielleicht hat Eru mir ein Feuer gegeben, das stärker ist, als du ahnst. Wunden jedenfalls will ich dem Feind der Valar schlagen, daß auch die Mächtigen im Schicksalsring es mit Erstaunen vernehmen sollen. Fürwahr, am Ende werden sie mir folgen. Lebwohl!«

So gebieterisch wurde Feanors Stimme in dieser Stunde, daß selbst der Herold der Valar sich vor ihm verneigte wie vor einem Mächtigen, ehe er schied; und die Noldor waren überwältigt. Daher setzten sie den Marsch fort, und Feanors Sippe eilte ihnen voraus, entlang der Küste von Elende: Kein einziges Mal wandten sie die Augen zurück nach Tirion auf dem grünen Hügel von Túna. Langsamer und weniger entschlossen zog Fingolfins Schar hinter ihnen drein. Ihr ging Fingon voraus; mit der Nachhut aber kamen Finarfin und Finrod und viele der Edelsten und Klügsten der Noldor, und oft blickten sie sich um nach ihrer weißen Stadt, bis daß die Lampe auf dem Mindon Eldaliéva sich in der Nacht verlor. Mehr als alle andern unter den Auswandernden nahmen sie Erinnerungen an das Glück, von dem sie sich abwandten, mit fort, und auch manche Dinge, die sie geschaffen, trugen sie mit sich; ein Trost und eine Bürde auf dem Weg.

Nun führte Feanor die Noldor nordwärts, denn sein erstes Vorhaben war, Morgoth zu folgen. Überdies lag Túna unter dem Taniquetil nahe am Gürtel von Arda, und hier war das Große Meer unermeßlich weit, während nach Norden zu das Scheidemeer schmaler wurde und das

Ödland von Araman den Küsten von Mittelerde näher rückte. Als aber Feanors Geist kühler wurde und Rat annahm, da erkannte er allzu spät, daß all diese großen Scharen niemals den langen Weg nach Norden zurücklegen oder zuletzt das Meer überqueren könnten, es sei denn mit Hilfe von Schiffen; doch würde es viel Zeit und Mühe kosten, eine so große Flotte zu bauen, selbst dann, wenn die Noldor sich auf diese Kunst verstanden hätten. Er beschloß daher, die Teleri, die alten Freunde der Noldor, zum Mitkommen zu überreden; und in seiner Empörung dachte er auch, daß so das Glück von Valinor weiter vermindert und seine eigene Streitmacht gegen Morgoth vermehrt werden möchte. Er eilte also nach Alqualonde und sprach zu den Teleri, so wie er zuvor in Tirion gesprochen.

Doch die Teleri blieben unbewegt, was er auch sagte. Wohl waren sie bekümmert, daß ihre Verwandten und alten Freunde fortgingen, doch mochten sie ihnen lieber abraten als helfen; und kein Schiff wollten sie ihnen leihen oder bauen helfen gegen den Willen der Valar. Was sie anging, so begehrten sie keine andere Heimat als die Ufer von Eldamar und keinen anderen Herrn als Olwe, den Fürsten von Alqualonde. Und Olwe hatte Morgoth nie Gehör geschenkt, noch ihn in seinem Lande empfangen, und er vertraute noch darauf, daß Ulmo und die andren Großen unter den Valar für die Schäden Morgoths Abhilfe schaffen und daß die Nacht einem neuen Morgen weichen würde.

Da wurde Feanor zornig, denn noch immer fürchtete er den Aufschub, und hitzig sprach er zu Olwe: »Zur Stunde, da wir ihrer bedürfen, brichst du unsere Freundschaft«, sagte er. »Doch froh wart ihr über unsere Hilfe, als ihr endlich an diese Ufer kamt, mit leeren Händen, mutlose Zauderer. In Hütten am Strande wohntet ihr noch, hätten nicht die Noldor euren Hafen und eure Häuser gebaut.«

Olwe aber antwortete: »Wir brechen keine Freundschaft. Doch Freundesdienst kann es sein, des Freundes Wahn zu widerstehen. Und als die Noldor uns willkommen geheißen und uns Hilfe geleistet, da war es anders, als du gesagt: Im Lande Aman sollten wir wohnen für immer, als Brüder, deren Häuser Seite an Seite stehen. Doch was unsere weißen Schiffe angeht: die habt nicht ihr uns gegeben. Diese Kunst haben wir nicht von den Noldor gelernt, sondern von den Herren des Meeres; und ihre weißen Planken haben wir mit eigenen Händen gezimmert, und die weißen Segel haben unsere Frauen und Töchter gewoben. Darum geben wir sie nicht her, und sie sind uns nicht feil, für keinen Bund und keine Freundschaft. Denn ich sage dir, Feanor, Finwes Sohn, sie sind für uns, was die Gemmen für die Noldor sind: das Werk unseres Herzens, desgleichen wir kein zweites schaffen können.«

Darauf verließ ihn Feanor und saß in dunklem Sinnen vor den Mauern von Alqualonde, bis seine Schar versammelt war. Als er glaubte, stark genug zu sein, ging er zum Schwanenhafen und begann die Schiffe zu bemannen, die dort ankerten, und sie mit Gewalt zu nehmen. Doch die Teleri widerstanden und warfen viele der Noldor ins Meer. Da wurden die Schwerter gezogen, und heiß wurde auf den Schiffen gekämpft und ringsum auf den lampenerhellten Kaien und Stegen des Hafens, selbst auf dem großen Bogen des Hafentores. Dreimal wurden Feanors Leute zurückgeworfen, und viele wurden auf beiden Seiten erschlagen; doch die Vorhut der Noldor erhielt durch Fingon Verstärkung, mit den Vordersten aus Fingolfins Schar, die, als sie ankamen, eine Schlacht im Gange und ihre Blutsverwandten fallen sahen und eingriffen, ehe sie recht wußten, um was man stritt; manche glaubten auch, die Teleri hätten auf Geheiß der Valar den Zug der Noldor aufhalten wollen.

So wurden zuletzt die Teleri überwunden und ein großer Teil ihrer Seeleute, die in Alqualonde wohnten, grausam erschlagen. Denn die Noldor waren wild und verzweifelt geworden, und die Teleri waren weniger stark und meist nur mit leichten Bogen bewaffnet. Nun zogen die Noldor die weißen Schiffe fort und bemannten die Ruder, so gut sie es verstanden, und fuhren nach Norden die Küste entlang. Und Olwe rief Osse an, doch kam er nicht, denn die Valar ließen es nicht zu, daß die Flucht der Noldor mit Gewalt behindert werde. Uinen aber weinte um die Seeleute der Teleri, und die See bäumte sich wütend gegen die Mörder auf, so daß viele der Schiffe untergingen und die Leute auf ihnen ertranken. Mehr wird über den Sippenmord von Alqualonde in jenem Klagelied mit Namen ›Noldolante‹, der Sturz der Noldor, erzählt, das Maglor dichtete, ehe er verschwand.

Dennoch, der größere Teil der Noldor entkam, und als der Sturm vorüber war, setzten sie ihren Weg fort, manche zu Schiff und manche zu Lande; doch der Weg war lang und wurde immer böser, je weiter sie kamen. Nachdem sie lange Zeit durch die unermeßliche Nacht marschiert waren, gelangten sie schließlich an die nördlichen Grenzen des Bewachten Reiches, am kalten und gebirgigen Rande der leeren Einöde von Araman. Dort erblickten sie plötzlich eine dunkle Gestalt, die auf einem hohen Felsen stand und auf das Ufer herabsah. Manche sagen, kein geringerer Bote Manwes als Mandos selbst sei es gewesen. Und sie hörten eine laute Stimme, würdig und schrecklich, die ihnen gebot, zu halten und zu hören. Und sie hielten alle und standen still, und vom einen Ende des Zuges bis zum andern vernahm man die Stimme, wie sie den Fluch und das Urteil sprach, welche die Weissagung des Nordens und der Spruch der Noldor genannt werden.

Vieles kündete sie in dunkler Rede voraus, das die Noldor erst später verstanden, als das Unheil wirklich hereingebrochen war; alle aber hörten den Fluch, der über jene gesprochen wurde, die nicht bleiben wollten noch das Urteil und die Vergebung der Valar erbitten.

»Ungezählte Tränen sollt ihr vergießen; und die Valar werden Valinor gegen euch umzäunen und euch ausschließen, so daß kein Echo von euren Klagen über die Berge dringt. Auf dem Hause Feanor liegt der Zorn der Valar, vom Westen bis in den fernsten Osten, und so auf allen, die ihm folgen. Ihr Eid wird sie treiben und sie doch betrügen und ihnen immer wieder jene Schätze entreißen, nach denen sie zu jagen geschworen. Zu bösem Ende wird alles sich wenden, was sie wohl beginnen; und dies geschehe durch Verrat des Bruders am Bruder und durch Furcht vor Verrat. Die Enteigneten sollen sie sein für immer.

Wider das Recht habt ihr das Blut eures Geschlechts vergossen und das Land Aman befleckt. Für Blut werdet ihr mit Blut entgelten, und jenseits der Grenzen von Aman lebt ihr im Schatten des Todes. Denn wenn auch Eru euch nicht bestimmt hat, in Ea zu sterben, und keine Krankheit euch befallen kann, so könnt ihr doch erschlagen werden, und erschlagen sollt ihr werden: durch Waffen, und durch Leid und Qual; und nach Mandos werden eure unbehausten Geister dann kommen. Da sollt ihr lange wohnen und um eure Leiber trauern, und wenig Erbarmen werdet ihr finden, und wenn alle, die ihr gemordet, für euch bitten sollten. Und jene, die in Mittelerde ausharren und nicht nach Mandos kommen, sollen der Welt müde werden wie einer schweren Last und sollen verfallen und wie Schatten der Reue werden vor dem jüngeren Geschlecht, das nach euch kommt. Die Valar haben gesprochen.«

Viele verzagten da; doch Feanor panzerte sein Herz und sagte: »Geschworen haben wir, und nicht mit leichtem Sinn. Diesen Eid halten wir. Mit vielerlei Unheil werden wir bedroht, und nicht das geringste ist der Verrat; eines aber wird nicht gesagt: daß wir an Kleinmut leiden werden, an Feigheit oder der Furcht vor Feigheit. Daher sage ich, wir gehen weiter, und dies eine künde ich voraus: Taten werden wir leisten, die besungen werden sollen bis ans Ende aller Tage von Arda.«

Doch in dieser Stunde wandte sich Finarfin von dem Zuge ab und kehrte um, voller Leid und voller Bitterkeit gegen das Haus Feanor, denn sein Schwiegervater war Olwe von Alqualonde; und mit Finarfin gingen viele seiner Leute denselben Weg in Kummer zurück, bis sie von fern wieder den Schein des Mindon auf dem Túna gewahrten, der noch leuchtete in der Nacht; und so kamen sie zurück nach Valinor. Dort erlangten sie Vergebung von den Valar, und Finarfin wurde eingesetzt, die Reste der Noldor im Segensreich zu regieren. Seine Söhne aber waren nicht bei ihm geblieben, denn sie mochten sich von Fingolfins Söhnen nicht trennen; und Fingolfins ganze Schar zog weiter mit, denn sie sahen sich gezwungen durch Blutsbande und durch den Willen Feanors; überdies fürchteten sie das Urteil der Valar, denn nicht alle waren sie beim Sippenmord von Alqualonde ohne Schuld geblieben. Auch waren Fingon und Turgon mutigen Herzens und mochten nicht aufgeben, was sie einmal begonnen, bis zum bitteren Ende, wenn es denn bitter sein mußte. So zog die größte Schar weiter, und rasch begann das verheißene Unheil sein Werk.

Die Noldor kamen zuletzt in den hohen Norden von Arda; und sie sahen die ersten Zähne des Eises, das im Meer schwamm, und wußten, sie näherten sich der Helcaraxe. Denn zwischen dem Lande Aman, das im Norden ostwärts abbog, und den Ostküsten von Endor (was Mittelerde heißt), die sich westwärts hinzogen, lag eine Meerenge, in der die kalten Wasser des Umzingelnden Meeres und die Wellen von Belegaer ineinander flossen, und dort gab es weite Dunst- und Nebelfelder von tödlicher Kälte, und die Meeresströmungen waren erfüllt vom Klirren der Eisberge und vom Knirschen des Grundeises. Dies war die Helcaraxe, und noch niemand bis auf die Valar und Ungolianth hatte es gewagt, sie zu betreten.

Dort machte Feanor Halt, und die Noldor berieten, welchen Weg sie nun nehmen sollten. Doch sie begannen Qualen zu leiden von der Kälte und den zähen Nebeln, durch die kein Schimmer von einem Stern drang; und viele waren des Weges leid, und vor allem die aus Fingolfins Gefolge begannen zu murren, Feanor verwünschend, den sie den Anstifter allen Übels für die Eldar nannten. Feanor aber, der von allem wußte, was gesagt wurde, beriet sich mit seinen Söhnen, und nur zwei Wege sahen sie, um von Araman nach Endor zu entkommen: über das Eis der Meerenge oder zu Schiff. Die Helcaraxe aber glaubten sie unüberschreitbar, während der Schiffe zu wenige waren. Viele hatten sie auf der langen Reise verloren, und nicht genug waren übrig, um die ganze große Schar auf einmal überzusetzen; niemand aber war bereit, am westlichen Ufer zu warten, während andre zuerst überfuhren: Schon war die Furcht vor Verrat unter den Noldor erwacht. So kam es Feanor und seinen Söhnen in den Sinn, mit allen Schiffen plötzlich abzufahren; die Herrschaft über die Flotte nämlich hatten sie seit der Schlacht im Hafen in den eigenen Händen behalten, und die Schiffe waren nur mit jenen bemannt, die dort gekämpft hatten und an Feanor gebunden waren. Und wie gerufen kam ein Wind von Nordwesten auf, und Feanor schlich sich heimlich an Bord, mit allen, die er sich ergeben glaubte, stach in See und ließ Fingolfin in Araman zurück. Und da der Meeresarm schmal war, gelangte er, nach Osten und ein wenig nach Süden steuernd, ohne Verluste hinüber und setzte als erster von allen Noldor von neuem den Fuß auf die Küste von Mittelerde; und Feanors Landeplatz lag an der Mündung des Fjords, der Drengist genannt wurde und der sich nach Dor-lómin hineinzog.

Nachdem sie aber gelandet waren, sprach Maedhros, sein ältester Sohn, der einst der Freund Fingons gewesen war, ehe Morgoths Lügen sich zwischen sie drängten, zu Feanor und sagte: »Welche Schiffe und Ruderer hast du nun ausersehen, zurückzukehren, und wen sollen sie zuerst herüberholen? Fingon, den Tapferen?«

Da lachte Feanor wie ein Verdammter und rief: »Keinen einzigen! Nicht als Verlust achte ich, was ich zurückgelassen; als nutzloses Gepäck auf dem Weg hat es sich erwiesen. Sollen jene, die meinen Namen verfluchen, mich weiterhin verfluchen und winselnd zurückkehren in die Käfige der Valar! Brennen sollen die Schiffe!« Da trat Maedhros allein beiseite, Feanor aber ließ an die weißen Schiffe der Teleri das Feuer legen. So fanden an jenem Orte, der Losgar hieß, an der Mündung des Fjords von Drengist, die schönsten Schiffe, die je die Meere befuhren, in einem großen Brand ihr Ende, leuchtend und schrecklich. Und Fingolfin und sein Gefolge sahen das Licht aus der Ferne, einen roten Schein unter den Wolken; und sie wußten, sie waren verraten worden. Dies waren die ersten Früchte des Sippenmords und des Verhängnisses der Noldor.

Da war Fingolfin voller Bitterkeit, als er sah, daß Feanor ihn verlassen hatte, so daß er in Araman umkommen oder in Schande nach Valinor zurückkehren müßte; doch mehr denn zuvor begehrte er nun, einen Weg nach Mittelerde zu finden und Feanor noch einmal zu begegnen. Und lange wanderten er und seine Schar im Elend, doch Mut und Ausdauer wuchsen mit ihren Mühen; denn ein starkes Volk waren sie, die älteren, die unsterblichen Kinder von Eru Ilúvatar, als sie noch Neuankömmlinge aus dem Segensreich waren und noch nicht müde von der Last der Erde. Das Feuer in ihren Herzen war jung, und geführt von Fingolfin und seinen Söhnen und von Finrod und Galadriel, wagten sie sich in den kältesten Norden; und da sie keinen anderen Weg fanden, nahmen sie zuletzt die Schrecknisse der Helcaraxe und der erbarmungslosen Eisberge auf sich. Von den späteren Taten der Noldor waren wenige kühner als dieser verzweifelte Übergang, und wenige waren opferreicher. Elenwe, Turgons Gattin, verloren sie dort, und noch viele andere kamen um; und mit einer verringerten Schar setzte Fingolfin endlich den Fuß auf die Außenlande. Wenig Liebe hegten sie für Feanor und seine

Söhne, die nun hinter ihnen dreinzogen und in Mittelerde ihre Trompeten bliesen beim ersten Aufgang des Mondes.

Von Sonne und Mond
und der Verhüllung Valinors

Erzählt wurde, wie die Valar nach Melkors Flucht lange regungslos auf ihren Thronen im Schicksalsring saßen; doch müßig, wie Feanor in seiner Verblendung gesagt hatte, waren sie nicht. Denn vieles können die Valar mit Gedanken statt mit Händen bewirken, und stumm, ohne zu sprechen, können sie miteinander Rat halten. So wachten sie in der Nacht von Valinor, und ihre Gedanken gingen zurück bis vor Ea und voraus bis an das Ende; doch keine Kraft noch Weisheit milderte ihr Leid und Wissen um das Unheil zur Stunde, da es geschah. Und um den Tod der Bäume trauerten sie nicht mehr als um die Verderbnis Feanors: von allen Werken Melkors eines der bösesten. Denn der Gewaltigste unter allen Kindern Ilúvatars war Feanor an allen Gliedern von Leib und Geist, an Kühnheit, an Beharrlichkeit, Schönheit, Wissen und Kunst, List und Kraft, und eine helle Flamme brannte in ihm. Die Wunder, die er zum Ruhme Ardas hätte schaffen können, vermochte nur Manwe halbwegs zu ermessen. Und später erzählten die Vanyar, welche mit den Valar wachten: als die Boten Manwe berichteten, was Feanor seinen Herolden geantwortet, da habe Manwe geweint und den Kopf sinken lassen. Bei Feanors letzten Worten aber, daß die Noldor wenigstens Taten leisten würden, die auf immer in den Liedern leben sollten, da hob er den Kopf, als lauschte er auf eine Stimme von fern, und sagte: »So sei es! Als teuer bezahlt mögen jene Lieder gelten, und doch als wohlfeil. Denn der Preis könnte kein anderer sein. Wie Eru zu uns gesprochen: Unerahnte Schönheit werde Ea zuteil, und Böses soll gut sein, wenn es gewesen ist.«

Mandos aber sagte: »Und doch böse bleiben. Zu mir wird Feanor bald kommen.«

Als aber die Valar zuletzt erfuhren, daß die Noldor tatsächlich Aman verlassen hatten und nach Mittelerde zurückgekehrt waren, da erhoben sie sich und begannen auszuführen, was sie in Gedanken beschlossen hatten, um die Übel Melkors gutzumachen. Manwe bat Yavanna und Nienna, all ihre Kräfte des Wachsens und Heilens aufzubieten, und sie wandten sich ganz den Bäumen zu. Doch Niennas Tränen halfen nicht, die tödlichen Wunden zu heilen, und lange Zeit sang Yavanna allein in den Schatten. Doch als alle Hoffnung schwand und ihr Lied erstarb, da trug Telperion zuletzt eine große silberne Blüte an einem blattlosen Ast, und Laurelin trug eine einzige goldene Frucht.

Diese nahm Yavanna; dann starben die Bäume, und ihre leblosen Stämme stehen noch in Valinor, zum Gedenken vergangenen Glücks. Die Blüte und die Frucht aber gab Yavanna Aule, und Manwe weihte sie, und Aule und seine Gehilfen schufen Gefäße, um sie darinnen zu halten und ihren Glanz zu wahren – wovon im ›Narsilion‹ berichtet wird, dem Lied von Sonne und Mond. Diese Gefäße gaben die Valar Varda, damit sie Himmelslichter aus ihnen erschaffe, welche, da sie näher bei Arda stünden, die alten Sterne überglänzten; und Varda verlieh ihnen die Kraft, die unteren Regionen des Ilmen zu durchqueren, und brachte sie auf ihre vorbestimmte Bahn über dem Gürtel der Erde, von West nach Ost und zurück.

Dies taten die Valar, da sie in ihrer Dämmerung der Dunkelheit in den Landen von Arda gedachten; und sie beschlossen nun, Mittelerde zu erhellen und mit dem Licht Melkors Werke zu hindern. Denn sie erinnerten sich der Avari, die an den Wassern, wo sie erwacht, geblieben waren, und sie gaben die Noldor in ihrer Verbannung nicht ganz und gar auf; und Manwe wußte auch, daß die Stunde nahe war, wo die Menschen erwachen würden. Und es heißt, ebenso wie die Valar um der Quendi willen gegen Melkor in den Krieg gezogen waren, so seien sie nun um die Hildor besorgt gewesen, die Nachzügler, die Jüngeren Kinder Ilúvatars. Denn so schwere Wunden Mittelerde in dem Krieg gegen Utumno auch geschlagen worden waren, die Valar befürchteten, es könne jetzt noch schlimmer kommen, obgleich doch die Hildor sterblich sein würden und schwächer als die Quendi im Ertragen von Angst und Erschütterung. Auch war es Manwe nicht offenbar, wo die Geburtsstätte der Menschen sein werde, ob im Norden, Süden oder Osten. Daher sandten die Valar das Licht und befestigten im übrigen das Land, wo sie selber wohnten.

Isil, der Schein, so nannten einst die Vanyar den Mond, Telperions Blüte in Valinor; und Anar, die Feuriggoldne, nannten sie die Sonne, Laurelins Frucht. Die Noldor aber nannten ihn auch Rána, den Bummler, und sie Vása, das Feuerherz, das erweckt und verzehrt; die Sonne nämlich wurde als Zeichen für das Erwachen der Menschen und das Vergehen der Elben gesetzt, während der Mond ihr Andenken bewahrt.

Das Mädchen, das die Valar unter den Maiar dazu ausersahen, das Schiff der Sonne zu steuern, hieß Arien, und die Insel des Mondes lenkte Tilion. In den Tagen der Bäume hatte Arien die goldenen Blumen in Vánas Gärten gepflegt und sie mit dem hellen Tau von Laurelin gewässert; Tilion aber war ein Jäger aus Oromes Gefolge, und er hatte einen silbernen Bogen. Silber liebte er über alles, und wenn er ruhen wollte, so pflegte er Oromes Wälder zu verlassen und nach Lórien zu gehen, wo er träumend an Estes Teichen lag, unter Telperions flimmernden Strahlen; und er bat darum, daß man ihn auf ewig damit betraue, die letzte Silberblüte zu pflegen. Stärker als er war das Mädchen Arien, und auf sie fiel die Wahl, weil sie die Hitze Laurelins nicht gefürchtet hatte und keinen Schaden von ihr nahm, denn von Anfang an war sie ein Feuergeist gewesen, den Melkor nicht zu betrügen oder in seinen Dienst zu locken vermochte. Zu hell leuchteten Ariens Augen, als daß selbst die Eldar hineinblicken konnten, und als sie Valinor verließ, gab sie die Gestalt und Hülle auf, die sie wie die Valar dort getragen hatte, und sie erschien wie eine nackte Flamme, schrecklich in ihrem vollen Glanz.

Isils Schiff wurde zuerst gebaut und zur Fahrt gerüstet, und als erster stieg er in die Sphäre der Sterne hinauf; er war von den beiden neuen Lichtern das ältere, wie Telperion der ältere von den Bäumen gewesen war. Nun hatte die Welt eine Zeitlang Mondschein, und viele Dinge regten sich und erwachten, die lange im Schlafe Yavannas gewartet hatten. Morgoths Diener wurden scheu, die Elben der Außenlande sahen freudig hinauf; und als der Mond eben über die Dunkelheit im Westen stieg, da ließ Fingolfin seine silbernen Trompeten blasen und begann seinen Marsch nach Mittelerde hinein, und lang und schwarz gingen seinen Leuten ihre Schatten voraus.

Tilion hatte siebenmal den Himmel überquert und befand sich gerade im fernsten Osten, als Ariens Schiff bereitgemacht wurde. Da stieg Anar auf in ihrem Glanze, und der erste Sonnenschein auf den Türmen der Pelóri war wie ein großes

Feuer: die Wolken über Mittelerde wurden bewegt, und man vernahm den Laut vieler Wasserfälle. Nun war Morgoth erst recht entmutigt und stieg in die tiefsten Grüfte von Angband hinab; alle seine Diener rief er zurück und breitete große Wolken von Dunst und Qualm über sein Land, um es vor dem Licht des Tagesgestirns zu verbergen.

Vardas Absicht nun war, daß die beiden Schiffe Ilmen durchwandern und stets am Himmel stehen sollten, doch nicht zusammen; beide sollten von West nach Ost fahren und zurückkommen, so daß das eine im Westen gerade abfuhr, wenn das andre im Osten umkehrte. Die ersten neuen Tage wurden daher wie bei den Bäumen gezählt, von der Mischung der Lichter an, wenn sich Arien und Tilion auf halbem Wege über der Mitte der Erde begegneten. Tilion aber war saumselig und hielt weder die Geschwindigkeit noch die vorgezeichnete Bahn ein; angezogen von ihrem Glanze, versuchte er, sich Arien zu nähern, obgleich Anars Flamme ihn versengte, und die Insel des Mondes wurde verdunkelt.

Mit Rücksicht auf Tilions Säumigkeit und mehr noch auf das Bitten von Lórien und Este, die klagten, Schlaf und Ruhe seien nun von der Erde verbannt und die Sterne verborgen, änderte daher Varda ihren Plan und sah wieder eine Zeit vor, zu der die Welt Schatten und Halblicht haben sollte. Anar blieb nun eine Weile in Valinor am kühlen

Busen des Außenmeeres liegen, und der Abend, die Zeit, wo die Sonne untergeht und ruht, war in Aman die Stunde des hellsten Lichts und der höchsten Freude. Bald darauf aber wurde die Sonne von Ulmos Dienern herabgezogen und in aller Eile ungesehen unter der Erde nach Osten gebracht, wo sie von neuem am Himmel aufstieg, damit die Nacht nicht allzu lange dauerte und kein Unheil sich unter dem Monde hervorwagte. Durch Anar aber wurden die Wasser des Außenmeeres erhitzt, und sie glühten in bunten Feuern, und auch wenn Arien fort war, hatte Valinor noch für eine Weile Licht. Wenn sie aber unter die Erde sank und nach Osten zog, verblaßte das Glühen und Valinor wurde dunkel, und dann beklagten die Valar über alles den Tod von Laurelin. In der Morgendämmerung lasteten die Schatten, welche die Berge der Abwehr warfen, schwer auf dem Segensreich.

Dem Monde gebot Varda, in der gleichen Weise dahinzuziehen, unter der Erde nach Osten, um dort aufzugehen, doch erst, nachdem die Sonne vom Himmel herniedergestiegen sei. Tilion aber ging bald schneller, bald langsamer, wie es noch immer seine Art ist, und nach wie vor zog ihn Arien an, wie sie ihn immer anziehen wird, so daß man oft beide zusammen über der Erde sehen kann; oder zu anderen Zeiten kommt er ihr so nahe, daß sein Schatten ihre Strahlen verbirgt, und dunkel wird es mitten am Tag.

Nach dem Kommen und Gehen Anars zählten daher die Valar fortan die Tage bis zur Wandlung der Welt. Denn Tilion verweilte selten in Valinor, sondern zog meist rasch über das Westland hinweg, über Avathar, Araman oder Valinor, und tauchte dann in die Kluft jenseits des Außenmeeres, von wo er allein seines Weges ging zwischen den Grotten und Höhlen an den Wurzeln von Arda. Dort wanderte er oft lange umher und kam spät erst wieder.

Immer noch war daher, auch nach der Langen Nacht, das Licht von Valinor größer und heller als das Licht von Mittelerde, denn die Sonne machte dort Rast, und die Himmelslichter kamen in jener Gegend der Erde näher. Doch weder Sonne noch Mond können das Licht zurückrufen, das einstmals war, das von den Bäumen fiel, ehe Ungolianths Gift sie berührte. Jenes Licht lebt nun allein noch in den Silmaril.

Morgoth aber haßte die neuen Lichter und war eine Zeitlang verwirrt durch diesen unerwarteten Streich der Valar. Dann griff er Tilion an, indem er Schattengeister gegen ihn aussandte, und es gab einen Kampf in Ilmen, unter den Bahnen der Sterne; doch Tilion blieb Sieger. Und vor Arien fürchtete sich Morgoth zutiefst, wagte er doch nicht, ihr zu nahe zu kommen, denn dazu reichte seine Kraft nicht mehr. Indem er an Tücke wuchs und das Unheil, das er ersann, seinen üblen Kreaturen eingab und in seine Lügen verstrickte, ging seine Kraft in diese über und verstreute sich, während er selbst immer erdgebundener wurde und nicht mehr geneigt war, aus seinen dunklen Burgen hervorzukommen. Mit Schatten verbarg er sich selbst und seine Diener vor Arien, deren Augen sie nicht lange standhalten konnten; und die Lande um seine Burg lagen in Rauch und große Wolken gehüllt.

Als die Valar aber sahen, wie Tilion angegriffen wurde, kamen ihnen Zweifel und Besorgnis, was Morgoths List und Tücke noch gegen sie aushekken mochten. Obgleich sie nicht gewillt waren, ihn in Mittelerde zu bekriegen, erinnerten sie sich doch der Zerstörung von Almaren; und sie beschlossen, daß dies sich in Valinor nicht wiederholen dürfe. Daher gaben sie ihrem Lande zu jener Zeit neue Befestigungen, und sie hoben die Berghänge der Pelóri im Osten, Norden und Süden zu steilen und furchtbaren Höhen an. Die Außenseiten waren dunkel und glatt, ohne Spalt oder Vorsprung, und sie stürzten tiefe Klüfte hinab, deren Boden hart war wie Glas, und wuchsen zu Türmen mit Kronen von weißem Eis empor. Auf diesen stand eine niemals schlafende Wache, und kein Paß führte hindurch bis auf den einen am Calacirya: Diesen aber schlossen die Valar nicht, den Eldar zuliebe, die ihnen treu geblieben waren; und in der Stadt Tirion auf dem grünen Hügel regierte immer noch Finarfin die Reste der

Noldor in der tiefen Schlucht zwischen den Bergen. Denn alle, die elbischen Geschlechtes sind, sogar die Vanyar und Ingwe, ihr König, müssen zuweilen die Luft von draußen atmen und den Wind spüren, der von ihren Geburtslanden über das Meer weht; und auch die Teleri wollten die Valar nicht gänzlich von ihren Stammesbrüdern trennen. Doch im Calacirya erbauten sie starke Türme und stellten viele Wachen auf, und wo die Schlucht in die Ebenen von Valmar mündete, lagerte ein Heer, so daß weder Vogel noch Tier oder Elb oder Mensch noch irgendein andres Geschöpf, das in Mittelerde lebte, diesen Weg passieren konnte.

Und in jener Zeit, die in den Liedern *Nurtale Valinóreva* heißt, die Verhüllung von Valinor, wurden auch die Verwunschenen Inseln ins Meer gesetzt, und alle Gewässer um sie her waren voller Schatten und Zauberwerk. Und diese Inseln lagen wie ein Netz von Norden nach Süden im Schattigen Meer, bevor einer, der nach Westen segelt, Tol Eressea, die Einsame Insel, erreicht. Kaum vermochte ein Schiff zwischen ihnen hindurchzufinden, denn gefährlich ächzten die Wellen immer auf den dunklen, im Nebel verborgenen Felsen. Und im Dämmerlicht kam eine tiefe Müdigkeit über die Seeleute und ein Abscheu vor dem Meer; und alle, die je den Fuß auf die Inseln setzten, blieben dort gefangen und schliefen bis zur Wandlung der Welt. So geschah es, wie Mandos den Noldor in Araman vorausgesagt, daß das Segensreich den Noldor verschlossen wurde; und von den vielen Boten, die in späteren Tagen in den Westen fuhren, kam keiner je nach Valinor – bis auf einen, den größten Seefahrer der Lieder.

Von den Menschen

Nun saßen die Valar in Frieden hinter ihren Bergen, und Mittelerde, nachdem es nun Licht hatte, kümmerte sie lange nicht mehr; und nur noch die Kühnheit der Noldor machte Morgoth die Herrschaft streitig. Am meisten behielt Ulmo die Verbannten im Sinn, der aus allen Wassern die Botschaften der Erde empfing.

Von dieser Zeit an wurden die Jahre nach der Sonne gezählt. Hastiger und kürzer waren sie als die langen Jahre der Bäume von Valinor. In jener Zeit wurde die Luft von Mittelerde schwer vom Atem des Wachsens und Sterbens, und das Wechseln und Altern aller Dinge beschleunigte sich über die Maßen. Es wimmelte von Leben auf der Erde und in den Gewässern im Zweiten Frühling von Arda, und die Eldar mehrten sich, und unter der neuen Sonne wurde Beleriand grün und hell.

Beim ersten Aufgang der Sonne erwachten die Jüngeren Kinder Ilúvatars in dem Lande Hildórien, in den östlichen Gebieten von Mittelerde; das erste Mal aber ging die Sonne im Westen auf, und als sich die Augen der Menschen öffneten, waren sie ihr zugekehrt, und ihre Füße, als sie über die Erde wanderten, gingen meist in jene Richtung. Die Atani wurden sie von den Eldar genannt, das Zweite Volk, doch nannten sie sie auch die Hildor, die Nachkömmlinge, und gaben ihnen noch viele andere Namen: Apanónar, die Nachzügler, Engwar, die Kränklichen, oder Fírimar, die Sterblichen; und sie nannten sie auch die Usurpatoren, die Fremden, die Unbegreiflichen, die Selbst-Verfluchten, die Tolpatsche, die Nachtfürchtigen und die Kinder der Sonne. Von den Menschen wird in diesen Erzählungen wenig berichtet, denn sie handeln von den Ältesten Tagen vor der Ausbreitung der Sterblichen und dem Verschwinden der Elben; nur von jenen Vätern der Menschen, den Atanatári, ist die Rede, die in den ersten Jahren der Sonne und des Mondes in den Norden der Welt wanderten. Nach Hildórien kam kein Vala, um die Menschen zu führen oder sie nach Valinor zu rufen; und die Menschen fürchteten eher die Valar, als daß sie sie liebten, und sie verstanden nicht die Absichten der Mächte, sondern haderten mit ihnen und lagen mit aller Welt in Streit. Ulmo indessen dachte auch an sie, gemäß Manwes Ratschluß und Willen; und oft trugen ihnen Bach und Fluß seine Botschaften zu. Doch auf derlei Dinge verstehen sie sich nicht, und besonders nicht in jenen Tagen, bevor sie sich unter die Elben gemengt hatten. Daher liebten sie die Wasser, und ihre Herzen wurden bewegt, aber die Botschaften verstanden sie nicht. Doch heißt es, sie seien binnen kurzem an vielen Orten den Dunkel-Elben begegnet, die sie freundlich aufnahmen; und so wurden die Menschen in ihrer Kindheit zu Gefährten und Schülern dieses alten Wandervolks von elbischem Geschlecht, das sich nie auf den Weg nach Valinor gemacht hatte und für das die Valar nur ein Gerücht und ein fremder Name waren.

Morgoth war damals noch nicht lange wieder in Mittelerde, und seine Macht reichte nicht weit, und überdies gebot der plötzliche Aufgang des großen Lichtes ihm Einhalt. Wenig Gefahr war in den Ländern und Bergen; und neue Dinge, vor vielen Altern im Geist Yavannas entsprungen und als Samen in der Dunkelheit ausgesät, begannen nun endlich zu knospen und zu blühen. Nach Westen, Norden und Süden wandernd, breiteten die Menschenkinder sich aus, und ihre Freude war die Freude am Morgen, ehe der Tau trocken und wenn jedes Blatt noch grün ist.

Doch kurz ist der Morgen, und allzu oft nur leugnet der Tag, was er versprochen; und es nahte nun die Zeit der großen Kriege zwischen den Mächten des Nordens, als Noldor und Sindar und Menschen gegen die Heere von Morgoth Bauglir kämpften und zugrunde gingen. Zu diesem Ende hin wirkten stets die schlauen Lügen Morgoths, die er vor Zeiten gesät hatte und immer wieder von neuem unter seinen Feinden streute, der Fluch, der von dem Gemetzel in Alqualonde herrührte, und Feanors Eid. Nur ein Teil von den Ereignissen jener Tage wird hier erzählt, und am meisten ist von den Noldor die Rede, von den Silmaril und von den Sterblichen, die in ihre Geschicke verstrickt wurden. In jenen Tagen waren Elben und Menschen an Wuchs und Leibeskräften gleich, doch waren die Elben klüger, geschickter und schöner; und jene, die in Valinor gelebt und mit eigenen Augen die Mächte gesehen hatten, übertrafen die Dunkel-Elben in diesen Dingen ebenso wie diese ihrerseits die Völker von sterblicher Art übertrafen. Nur im Reich von Doriath, dessen Königin Melian war, aus dem Geschlecht der Valar, kamen die Sindar den Calaquendi des Segensreiches nahezu gleich.

Unsterblich waren die Elben, und ihr Wissen wuchs von Alter zu Alter, und keine Krankheit oder Seuche brachte ihnen den Tod. Ihre Leiber waren jedoch von irdischem Stoff und konnten vernichtet werden, und in jenen Tagen waren sie den Menschen von Gestalt ähnlicher, denn das Feuer ihres Geistes hatte noch nicht so lange in ihnen gebrannt, das sie im Lauf der Zeiten von innen verzehrt. Die Menschen aber waren gebrechlicher, leichter niedergeschlagen von Waffen oder vom Unglück und weniger leicht geheilt; sie unterlagen Krankheiten und vielerlei Übeln, wurden alt und starben. Was mit ihrem Geist nach dem Tode geschehen mag, wissen die Elben nicht. Manche sagen, auch sie begeben sich in Mandos' Hallen, warten dort aber nicht am gleichen Ort wie die Elben, und wohin sie gehen nach der Zeit der Sammlung in jenen stillen Hallen am Außenmeer, das weiß von allen unter Ilúvatar bis auf Manwe nur Mandos allein. Keiner ist je aus den Häusern der Toten zurückgekehrt bis auf Beren, Barahirs Sohn, dessen Hand einen Silmaril berührt hatte; er aber sprach später nie mehr mit sterblichen Menschen. Nicht in den Händen der Valar liegt vielleicht das Schicksal der Menschen nach dem Tode, und nicht alles war in der Musik der Ainur schon geweissagt.

In späterer Zeit, als nach Morgoths Triumph Elben und Menschen einander fremd wurden, wie er es so sehnlich gewünscht, schwanden und verblaßten jene aus dem Elbengeschlecht, die noch in Mittelerde lebten; und vom Sonnenlicht ergriffen die Menschen Besitz. Da wanderten die Quendi durch die einsamen Gegenden der großen Lande und über die Inseln, und sie hielten sich ans Mond- und Sternenlicht, an Wälder und Grotten, wie zu Schatten und Erinnerung werdend, bis auf manche, die nach Westen Segel setzten und aus Mittelerde verschwanden. In der Morgenröte der Jahre aber waren Elben und Menschen Bundesgenossen und glaubten sich verwandt, und unter den Menschen gab es manche, welche die Wissenschaft der Eldar erfuhren und zu großen und kühnen Kriegshauptleuten der Noldor wurden. Und vollen Anteil an Glanz und Schönheit der

Elben und an ihrem Schicksal hatten die Nachkommen von Elben und Sterblichen, Earendil und Elwing und Elrond, ihr Sohn.

Von der Rückkehr der Noldor

Erzählt wurde, wie Feanor und seine Söhne als erste der Verbannten nach Mittelerde kamen und in der Öde von Lammoth, dem Großen Echo, an der Mündung des Fjords von Drengist landeten. Und als die Noldor den Strand betraten, da drangen ihre Rufe zwischen die Hügel hinauf und wurden vervielfacht, so daß ein Geschrei wie von unzähligen kraftvollen Stimmen alle Küsten des Nordens erfüllte; und den Lärm vom Brand der Schiffe bei Losgar trugen die Seewinde fort als ein grimmiges Getöse, und alle, die in der Ferne diese Laute hörten, waren voller Verwunderung.

Nun sahen die Flammen des Brandes nicht nur Fingolfin und jene, die Feanor in Araman im Stich gelassen hatte, sondern auch die Orks und die Späher Morgoths. Keine Erzählung berichtet, was Morgoth im Herzen dachte bei der Nachricht, daß Feanor, sein bitterster Feind, ein Heer aus dem Westen heranführte. Es mag sein, daß er ihn wenig fürchtete, denn noch hatten die Schwerter der Noldor ihm keine Probe geleistet, und bald konnte man sehen, daß er sie ins Meer zurückzutreiben gedachte.

Unter den kalten Sternen, ehe der Mond aufging, zog Feanors Schar den langen Fjord von Drengist hinauf, der die Echoberge der Ered Lómin durchschnitt; und so drangen sie von der Küste in das große Land Hithlum hinein. Schließlich kamen sie an den langen Mithrim-See, und an dessen Nordufer, in der Gegend gleichen Namens, schlugen sie ihr Lager auf. Doch Morgoths Heer, durch das Getöse von Lammoth und den Schein des Brandes bei Losgar aufmerksam gemacht, kam über die Pässe der Ered Wethrin, der Schattenberge, und griff Feanor unversehens an, ehe sein Lager noch fertig oder zur Verteidigung gerüstet war; und dort, auf den grauen Feldern von Mithrim, wurde die zweite Schlacht in den Kriegen von Beleriand geschlagen. Dagor-nuin-Giliath wird sie genannt, die Schlacht-unter-Sternen, denn noch war der Mond nicht aufgegangen; und sie wird in den Liedern besungen. Die Noldor, obgleich in der Minderzahl und vom Feind überrascht, trugen doch schnell den Sieg davon, denn das Licht von Aman war in ihren Augen noch ungetrübt, und sie waren stark und behend und furchtbar im Zorn, und ihre Schwerter waren lang und tödlich. Die Orks flohen vor ihnen und wurden unter großem Gemetzel aus Mithrim vertrieben und über das Schattengebirge in die weite Ebene von Ard-galen gejagt, die nördlich von Dorthonion lag. Dort kamen jene Heere Morgoths ihnen zu Hilfe, die aus Süden heimkehrten, wo sie ins Tal des Sirion vorgedrungen waren und Círdan in den Häfen der Falas belagert hatten; und auch sie gerieten mit ins

Verderben. Denn Celegorm, Feanors Sohn, der von ihrem Kommen Meldung hatte, lauerte ihnen mit einem Teil des Elbenheeres auf und jagte sie, von den Hügeln bei Eithel Sirion auf sie hinabstoßend, ins Fenn von Serech. Schlechte Nachricht also kam zuletzt nach Angband, und Morgoth war in Sorgen. Zehn Tage hatte die Schlacht gedauert, und nur mehr ein paar Häuflein kehrten von all den Scharen zurück, die er gerüstet hatte, um Beleriand zu erobern.

Doch einen Grund zu großer Freude hatte er, auch wenn der ihm noch eine Weile verborgen blieb. Denn Feanor, in seinem Haß auf den Feind, kannte kein Halten, und immer weiter drang er hinter den Resten der Orks her, hoffte er doch, so bis zu Morgoth selbst vorzustoßen; und er lachte laut, als er sein Schwert übte, und froh war er, den Zorn der Valar und die Gefahren des Weges nicht gescheut zu haben, wenn er die Stunde seiner Rache erleben könnte. Nichts wußte er von Angband und der großen Verteidigungsmacht, die Morgoth rasch gerüstet hatte; doch hätte er es auch gewußt, es hätte ihn nicht geschreckt, denn er war verdammt, und die Flamme des eignen Zorns verzehrte ihn. So kam es, daß er der Vorhut seines Heeres weit voraus war; und die Diener Morgoths, als sie dies sahen, stellten sich zum Kampf, und aus Angband eilten Balrogs zu ihrer Hilfe herbei. An der Grenze von Dor Daedeloth, dem Lande Morgoths, wurde

Feanor umzingelt, und keine Freunde umgaben ihn dort. Lange focht er unverzagt, in Flammen gehüllt und aus vielen Wunden blutend, zuletzt aber schlug ihn Gothmog zu Boden, der Fürst der Balrogs, den später Ecthelion in Gondolin erschlug. Dort wäre Feanor umgekommen, wären nicht in diesem Augenblick seine Söhne mit Macht zu ihm durchgedrungen; und die Balrogs ließen ihn liegen und zogen sich nach Angband zurück.

Nun hoben die Söhne ihren Vater auf und trugen ihn zurück, nach Mithrim zu. Doch als sie sich Eithel Sirion näherten und den Gebirgspaß hinaufstiegen, gebot Feanor ihnen Halt, denn seine Wunden waren tödlich, und er wußte, sein Ende war da. Und von den Hängen der Ered Wethrin erblickte er mit seinem letzten Augenlicht in der Ferne die Gipfel von Thangorodrim, die mächtigsten Türme von Mittelerde, und mit der Voraussicht des Todes wußte er, daß keine Macht der Noldor sie je brechen würde; doch verfluchte er dreimal den Namen Morgoths, und seinen Söhnen erlegte er auf, ihren Eid zu halten und ihren Vater zu rächen. Dann starb er; doch gab man ihm weder Grab noch Stein, denn so heiß brannte sein Geist, als er aus ihm wich, daß sein Leib zu Asche verfiel und wie Rauch davongeweht wurde; und nie wieder ist seinesgleichen in Arda erschienen, noch hat sein Geist Mandos' Hallen verlassen. So endete der mächtigste der

Noldor, aus dessen Taten ihr höchster Ruhm und tiefstes Leid erwuchs.

In Mithrim nun lebten Grau-Elben, Volk aus Beleriand, das über das Gebirge nach Norden gezogen war. Die Noldor begegneten ihnen freudig, als Stammesbrüdern, von denen sie lange getrennt gewesen waren; mit ihnen zu sprechen freilich war zuerst nicht leicht, denn während der langen Trennung waren die Sprachen der Calaquendi in Valinor und der Moriquendi in Beleriand einander unähnlich geworden. Durch die Elben von Mithrim erfuhren die Noldor von der Macht Elu Thingols, des Königs in Doriath, und von dem Banngürtel, der sein Reich umhegte; und Nachricht von ihren großen Taten im Norden gelangte nach Menegroth im Süden und in die Häfen von Brithombar und Eglarest. Alle Elben Belerian ds waren voller Verwunderung und Hoffnung bei der Ankunft ihrer mächtigen Vettern, die so unversehens in der Stunde der Not aus dem Westen zurückgekehrt waren; und zunächst glaubte man sogar, sie kämen als Abgesandte der Valar, um Beleriand zu retten.

Noch in Feanors Todesstunde aber traf bei seinen Söhnen eine Botschaft Morgoths ein, worin die Niederlage anerkannt und Verhandlungen angeboten wurden; sogar von der Übergabe eines der Silmaril war die Rede. Maedhros der Lange, Feanors ältester Sohn, bewog die Brüder, zum

Schein darauf einzugehen und Morgoths Gesandten an dem verabredeten Ort zu begegnen; doch trauten die Noldor Morgoth so wenig wie dieser ihnen. Beide Gesandtschaften kamen daher mit stärkerem Gefolge als vereinbart, doch Morgoth hatte am meisten gesandt, und unter den Seinen waren Balrogs. Maedhros fiel in einen Hinterhalt, und all sein Gefolge wurde erschlagen; er selbst aber wurde auf Morgoths Geheiß lebendig gefangengenommen und nach Angband gebracht.

Nun zogen Maedhros' Brüder sich zurück und legten ein großes befestigtes Lager in Hithlum an; Morgoth aber hielt Maedhros als Geisel fest und ließ verlauten, nicht eher werde er ihn freigeben, als bis die Noldor den Krieg beendeten und in den Westen zurückkehrten oder aber weit fort von Beleriand in den Süden der Welt zögen. Feanors Söhne aber wußten, daß Morgoth sie betrügen und Maedhros keinesfalls freigeben würde, was immer sie taten; auch waren sie durch den Eid gebunden, und kein Grund erlaubte, daß sie vom Kriege gegen ihren Feind abließen. Morgoth nahm daher Maedhros und hängte ihn an einen Felsvorsprung von Thangorodrim, mit dem rechten Handgelenk in einer stählernen Schlinge, die an den Felsen geschmiedet war.

Nun kam Meldung von dem Zuge Fingolfins und jener, die ihm folgten und mit ihm über das Malm-Eis gegangen waren, in das Lager in Hithlum; und dann lag alle Welt in Erstaunen über den Aufgang des Mondes. Als aber Fingolfins Schar in Mithrim einzog, da ging flammend im Westen die Sonne auf, und Fingolfin entrollte seine blausilbernen Banner und ließ die Hörner blasen; und zu Füßen seiner Schar wuchsen Blumen auf, und die Zeitalter der Sterne waren zu Ende. Morgoths Diener flohen beim Aufgang des großen Lichtes nach Angband hinein, und Fingolfin kam ohne Widerstand durch die Befestigungen von Dor Daedeloth, während seine Feinde sich unter die Erde verkrochen. Dann pochten die Elben an die Tore von Angband, und der Kampfruf ihrer Trompeten ließ die Türme von Thangorodrim erzittern; und Maedhros hörte sie in seiner Qual und schrie laut, doch seine Stimme ging unter im Echo von den Felsen.

Fingolfin aber, der anderen Gemütes war als Feanor und sich vor Morgoths Tücken in acht nahm, zog aus Dor Daedeloth ab und wandte sich zurück nach Mithrim, denn er hatte Meldung, dort werde er Feanors Söhne finden; außerdem wollte er das Schattengebirge als Schild zwischen sich und den Feinden wissen, solange die Seinen ausruhten und sich stärkten, denn er hatte gesehen, wie stark Angband war, und glaubte nicht, daß es mit Trompetenschall allein zu nehmen wäre. Als er schließlich nach Hithlum kam, schlug er daher sein erstes Lager an den Nordufern des Sees von Mithrim auf. Keine

Freundschaft für das Haus Feanor empfanden sie, die Fingolfin folgten, denn Schweres hatten sie beim Übergang über das Eis erlitten, und in Feanors Söhnen sah Fingolfin Mitschuldige ihres Vaters. Nun bestand Gefahr, daß beide Lager handgemein wurden; doch so groß auch ihre Verluste unterwegs gewesen waren, Fingolfins Schar und die von Finrod, Finarfins Sohn, waren immer noch zahlreicher als die Feanors; und diese zog sich nun vor ihnen zurück und legte ein neues Lager am Südufer an, so daß der See zwischen ihnen war. Viele aus Feanors Gefolge bereuten zwar die Schiffsverbrennung bei Losgar, und voller Bewunderung waren sie für den Mut, der die Freunde, die sie verlassen, über das Eis des Nordens geführt hatte; doch aus Scham wagten sie es nicht, sie willkommen zu heißen.

So, wegen des Fluchs, der auf ihnen lag, richteten die Noldor nichts aus, während Morgoth zauderte und das Entsetzen vor dem Licht bei den Orks neu und stark war. Morgoth aber erwachte aus seinem Sinnen, und als er sah, daß seine Feinde uneins waren, da lachte er. In den Gruben von Angband ließ er gewaltigen Rauch und Qualm entfachen, und Wolken fielen von den stinkenden Gipfeln der Eisenberge, und aus der Ferne konnte man sie in Mithrim sehen, wie sie die klaren Lüfte in den ersten Morgentagen der Welt besudelten. Ein Wind kam aus Osten und wehte sie über Hithlum, die neue Sonne verdunkelnd; und sie sanken herab, krochen über die Felder und lagen über den Wassern des Mithrimsees, finster und giftig.

Da beschloß der tapfere Fingon, Fingolfins Sohn, die Fehde zu beenden, welche die Noldor trennte, ehe noch ihr Feind zum Krieg gerüstet wäre; denn der Boden zitterte in den Nordlanden über dem Dröhnen von Morgoths unterirdischen Schmieden. Vor langer Zeit, im glückseligen Valinor, ehe Melkors Fesseln abgenommen waren und seine Lügen Zwietracht gestiftet hatten, war Fingon Maedhros' Freund gewesen; und obgleich er noch nicht wußte, daß auch Maedhros vor der Verbrennung der Schiffe an ihn gedacht hatte, stach ihn der Gedanke an ihre alte Freundschaft ins Herz. Er wagte deshalb eine Tat, die mit Recht Ruhm genießt unter allen Taten, welche die Prinzen der Noldor geleistet: Allein und ohne irgendeines andern Rat machte er sich auf die Suche nach Maedhros; und im Schutze der Dunkelheit, die Morgoth selbst geschaffen, kam er ungesehen durch das Land seiner Feinde. Hoch auf die Schultern von Thangorodrim kletterte er hinauf, verzweifelt in dem öden Lande umherblickend, doch keinen Durchlaß und kein Mauerloch fand er, die ihn in Morgoths Burg geführt hätten. Dann, den Orks zum Trotz, die noch in ihren dunklen Verliesen unter der Erde hockten, nahm er seine Harfe und sang ein Lied aus Valinor, das die Noldor einst gedichtet, ehe Streit unter Finwes Söhnen aufkam; und seine Stimme erscholl über den trostlosen Höhlen, die nie zuvor andres vernommen hatten als Schreie von Angst und Schmerz.

So fand Fingon, wen er suchte. Denn plötzlich hörte er über sich, schwach und von fern, wie sein Lied aufgenommen wurde und eine Stimme ihm antwortete. Maedhros war es, der in seinen Qualen sang. Fingon aber kletterte zum Fuße des Felsens, an dem sein Vetter hing, doch dann kam er nicht weiter; und er weinte, als er Morgoths grausames Werk sah. Maedhros nun, in seinem Schmerz und ohne Hoffnung, bat Fingon, ihn mit seinem Bogen zu erschießen, und Fingon legte einen Pfeil auf und spannte. Und da er keine andere Hoffnung mehr sah, rief er Manwe an und sagte: »O König, dem alle Vögel lieb sind, hilf nun auch diesem gefiederten Schaft und gedenke mit Erbarmen der Noldor in ihrer Not!«

Sein Gebet wurde sogleich beantwortet. Denn Manwe, dem alle Vögel lieb sind und dem sie Nachricht aus Mittelerde auf den Taniquetil tragen, hatte das Volk der Adler ausgesandt, mit dem Auftrag, in den Felsen des Nordens zu nisten und auf Morgoth Obacht zu geben; denn noch immer hatte Manwe Mitleid mit den verbannten Elben. Und von vielem, das in jenen Tagen geschah, trugen die Adler Nachricht an Manwes Ohr. Und jetzt, als Fingon eben den Bogen spannte, ließ sich aus den hohen Lüften Thorondor nieder, der König der Adler und der gewaltigste von allen

Vögeln, die je gewesen, dessen ausgespannte Schwingen dreißig Faden maßen; und, Fingons Hand Einhalt gebietend, trug er ihn empor bis zu der Spitze des Felsens, wo Maedhros hing. Doch die Höllenfessel an seinem Handgelenk konnte Fingon weder biegen noch brechen oder vom Steine losreißen. Abermals bat ihn Maedhros in seiner Qual, ihn zu töten; Fingon aber schnitt ihm die Hand über dem Gelenk ab, und Thorondor trug sie beide zurück nach Mithrim.

Dort wurde Maedhros beizeiten geheilt; denn das Feuer des Lebens brannte heiß in ihm, und seine Kraft war die Kraft der alten Welt, wie sie jene besaßen, die in Valinor aufgewachsen waren. Sein Leib genas von der Qual und wurde gesund, doch der Schatten des Schmerzes blieb in seinem Herzen; und er regte das Schwert fortan mit der Linken tödlicher als zuvor mit der Rechten. Fingon gewann durch seine Tat einen großen Namen, und alle Noldor rühmten ihn; und der Haß zwischen den Häusern Fingolfins und Feanors wurde gemildert. Denn Maedhros bat um Verzeihung für ihre Flucht aus Araman, und er ließ den Anspruch auf das Königtum über alle Noldor fallen, indem er zu Fingolfin sagte: »Wenn kein Streit zwischen uns ist, Herr, so ist die Königswürde rechtens dein, denn der Älteste hier bist du aus Finwes Haus und nicht der Geringste an Weisheit.« Doch in dem waren nicht alle seine Brüder von Herzen einig.

Wie Mandos geweissagt, waren daher Feanors Söhne Enteignete, weil die Oberhoheit von ihnen, der älteren Linie, an das Haus Fingolfin überging, sowohl in Elende wie in Beleriand, und weil sie die Silmaril verloren hatten. Doch die Noldor, wieder geeint, stellten eine Wache an die Grenzen von Dor Daedeloth, und Angband wurde von Westen, Süden und Osten belagert; und weit und breit schickten sie Boten aus, um die Länder von Beleriand zu erkunden und mit den Völkern zu verhandeln, die dort lebten.

Nun begrüßte König Thingol nicht aus vollem Herzen die Ankunft so vieler mächtiger Prinzen aus dem Westen, die es nach neuen Reichen verlangte; und er öffnete sein Königreich nicht, noch hob er den Banngürtel auf, denn wohlberaten von Melian, vertraute er nicht darauf, daß Morgoth auf Dauer zurückgeworfen sei. Von den Prinzen der Noldor durften allein die aus Finarfins Haus die Grenzen von Doriath überschreiten; sie nämlich konnten Blutsverwandtschaft mit König Thingol selbst geltend machen, denn Earwen von Alqualonde, Olwes Tochter, war ihre Mutter.

Angrod, Finarfins Sohn, war der Erste der Verbannten, der nach Menegroth kam, als Bote seines Bruders Finrod, und lange sprach er mit dem König, berichtete ihm von den Taten der Noldor im Norden, von ihrer Anzahl und der Ordnung ihrer Streitmacht; da er aber ehrlich und klugen Sinnes war und alle Klagen nun verziehen glaubte, sprach er nicht von dem Sippenmord, noch von den Gründen für die Auswanderung der Noldor und dem Eid Feanors. König Thingol hörte Angrods Worten zu, und ehe er ging, sagte er zu ihm: »Dies sollst du jenen, die dich gesandt, von mir ausrichten. In Hithlum steht es den Noldor frei zu wohnen, in den Hochlanden von Dorthonion und in den Landen östlich von Doriath, die leer und wild sind; andernorts aber wohnen viele von meinem Volk, und ich wünsche nicht, daß sie in ihrer Freiheit beschränkt, geschweige denn, daß sie aus ihrer Heimat vertrieben werden. Gebt daher acht, ihr Prinzen aus dem Westen, wie ihr euch hier betragt; denn der Herr von Beleriand bin ich, und alle, die dort leben mögen, sollen auf mein Wort hören. Nach Doriath darf niemand herein, um hier zu wohnen, sondern nur jene, die ich als Gäste begrüße oder die mich in großer Not aufsuchen.«

Nun hielten die Fürsten der Noldor in Mithrim Rat, und dorthin ging Angrod mit König Thingols Botschaft. Kalt schien dieser Gruß den Noldor, und Feanors Söhne verdrossen seine Worte; Maedhros aber lachte und sagte: »König ist, wer seinen Besitz zu wahren weiß, sonst ist sein Titel leer. Thingol gewährt uns nur Lande, wohin seine Macht nicht reicht. Doriath allein wäre sein Reich bis zu diesem Tage, wären die Noldor nicht gekommen. In Doriath mag er daher herrschen und froh sein, daß er Finwes Söhne zu Nachbarn hat und nicht die Orks, die wir hier vorgefunden. Anderswo soll alles so zugehen, wie es uns gut dünkt.«

Doch Caranthir, der Finarfins Söhne nicht liebte und der von den Brüdern der bitterste und der am schnellsten erzürnte war, rief laut aus: »Fürwahr, und noch eins: Laßt nicht Finarfins Söhne in dieses Dunkel-Elben Höhle aus und ein gehen und ihm Geschichten zutragen! Wer hat sie zu unseren Sprechern ernannt, um mit ihm zu verhandeln? Und wenn sie nun auch tatsächlich nach Beleriand gekommen sind, so mögen sie doch nicht so rasch vergessen, daß zwar ihr Vater ein Fürst der Noldor, ihre Mutter aber aus anderm Geschlecht ist.«

Da war Angrod zornig und ging fort aus dem Rat. Maedhros wies auch Caranthir zurecht, doch die meisten der Noldor, aus beiden Lagern, die seine Worte gehört hatten, waren tief bestürzt und voll Sorge über den grimmigen Sinn von Feanors Söhnen, die anscheinend immer drauf und dran waren, in heftige Worte oder Gewalttat auszubrechen. Doch Maedhros zügelte seine Brüder, und sie verließen den Rat und zogen bald darauf fort aus Mithrim, nach Osten über den Aros, in die weiten Lande um den Berg von Himring. Daher wurde dieses Gebiet fortan Maedhros' Mark genannt, denn nach Norden zu bot es wenig Schutz durch Berge oder Flüsse gegen Angriffe aus Angband. Dort hielten Maedhros und seine

Brüder Wache und scharten alles Volk um sich, das zu ihnen kommen mochte; und außer in Notzeiten hatten sie wenig Umgang mit ihren Verwandten im Westen. Es heißt sogar, Maedhros selbst habe dies so erdacht, um die Anlässe zum Streit zu mindern; und außerdem war er fest entschlossen, die größte Gefahr eines Angriffs selbst zu tragen. Für sein Teil wahrte er die Freundschaft mit den Häusern Fingolfin und Finarfin und nahm bisweilen an ihren Beratungen teil. Doch blieb auch er an den Eid gebunden, obgleich der nun eine Zeitlang schlief.

Caranthirs Gefolgsleute wohnten am weitesten östlich, jenseits des oberen Gelion, um den Helevorn-See unter dem Berg Rerir und weiter nach Süden; sie erstiegen die Höhen der Ered Luin und sahen verwundert nach Osten, denn wild und weit schienen ihnen die Lande von Mittelerde. Und so kam es, daß Caranthirs Volk den Zwergen begegnete, die nach dem Vordringen Morgoths und der Ankunft der Noldor den Handel mit Beleriand eingestellt hatten. Doch obwohl beide Völker kunstvolle Arbeiten schätzten und jedes begierig war, vom anderen zu lernen, herrschte keine große Freundschaft zwischen ihnen; die Zwerge nämlich waren Geheimniskrämer und schnell beleidigt, während Caranthir hochfahrend war und aus seiner Geringschätzung für das unliebenswürdige Volk der Naugrim kaum ein Hehl machte; und Caranthirs Volk stand seinem Fürsten an Hochmut nichts nach. Dennoch, da beide Völker Morgoth fürchteten und haßten, verbündeten sie sich und hatten viel Vorteil davon; denn die Naugrim lernten in jenen Tagen viele geheime Kunstgriffe, so daß die Schmiede und Mauerwerker von Nogrod und Belegost unter ihresgleichen berühmt wurden, und als die Zwerge ihre Reisen nach Beleriand wieder aufnahmen gingen alle Güter aus ihren Bergwerken zuerst durch Caranthirs Hände, und so fielen große Reichtümer an ihn.

Als zwanzig Sonnenjahre vergangen waren, gab Fingolfin, der König der Noldor, ein großes Fest. Es wurde im Frühjahr gefeiert, an den Weihern von Ivrin, wo der schnellfließende Narog entsprang, denn dort lagen die Lande grün und hell zu Füßen des Schattengebirges, das sie nach Norden abschirmte. Lange noch erinnerte man sich später, in den Tagen des Leids, an den Glanz dieses Festes; und es wurde Mereth Aderthad geheißen, das Fest der Versöhnung. Viele der Edlen und Gefolgsleute Fingolfins und Finrods kamen, und von Feanors Söhnen kamen Maedhros und Maglor mit Kriegern aus der östlichen Mark; und es kamen in großer Zahl Grau-Elben, die Wanderer aus den Wäldern von Beleriand, und Volk von den Häfen mit Círdan, seinem Fürsten. Sogar Grün-Elben aus Ossiriand kamen, dem Land der Sieben Flüsse fern unter den Hängen der Blauen

Berge; doch aus Doriath kamen nur zwei Boten, Mablung und Daeron, mit Grüßen von ihrem König.

Viele Beratungen in gutem Einvernehmen gab es beim Mereth Aderthad, und Bündnisse und Freundschaften wurden in Eiden beschworen; und es heißt, die Sprache der Grau-Elben sei bei diesem Fest auch von den Noldor am meisten gesprochen worden, denn sie hatten schnell die Sprache von Beleriand erlernt, während die Sindar nur langsam die von Valinor lernten. Die Noldor waren hochgemut und voller Zuversicht, und vielen schien es, daß Feanors Worte sich als richtig erwiesen hätten, als er sie Freiheit und weite Reiche in Mittelerde suchen hieß; und wirklich folgten darauf viele Jahre des Friedens, in denen ihre Schwerter Beleriand vor Morgoths Unheil schützten und ihn hinter seinen Mauern eingeschlossen hielten. Freude war in jenen Tagen unter den neuen Lichtern von Sonne und Mond, und das ganze Land war froh; aber noch immer brütete der Schatten im Norden.

Und nachdem abermals dreißig Jahre vergangen waren, machte sich Turgon, Fingolfins Sohn, aus Nevrast auf, wo er saß, und besuchte seinen Freund Finrod auf der Insel Tol Sirion, und gemeinsam wanderten sie nach Süden den Fluß entlang, denn sie waren für eine Weile der nördlichen Gebirge überdrüssig geworden; und unterwegs überraschte sie die Nacht an den Dämmerseen um das Flußbett des Sirion, und dort legten sie sich unter den Sommergestirnen zum Schlafe nieder. Doch Ulmo, der den Strom heraufkam, gab ihnen tiefen Schlaf und schwere Träume; und die Träume blieben bedrückend, auch nachdem sie erwacht waren, doch sagte keiner dem andren ein Wort, denn sie erinnerten sich nicht klar, und jeder meinte, ihm allein habe Ulmo Botschaft gesandt. Doch stets hernach war die Unrast in ihnen und der Zweifel, was kommen werde, und oft wanderten sie allein durch weglose Länder und suchten nach Orten von verborgener Kraft; denn jeder glaubte, er sei geheißen worden, sich für den Tag des Unheils zu rüsten und eine Zuflucht zu schaffen, damit Morgoth, wenn er aus Angband hervorbräche, nicht alle Heere des Nordens überwältige.

Einmal nun waren Finrod und seine Schwester Galadriel zu Gast bei Thingol, ihrem Verwandten in Doriath. Da staunte Finrod über die Stärke und Pracht von Menegroth mit seinen Schatz- und Waffenkammern und den säulenreichen steinernen Hallen, und es kam ihm in den Sinn, daß auch er solche weiten Hallen hinter Tag und Nacht bewachten Toren bauen wollte, an einem tiefen und geheimen Ort unter den Bergen. Daher öffnete er Thingol sein Herz und erzählte ihm von seinen Träumen; und Thingol sprach zu ihm von der tiefen Schlucht des Flusses Narog und den Höhlen unter Hoch-Faroth an seinem steilen westlichen Ufer, und als Finrod schied, gab er ihm Führer mit, die ihn zu jenem Orte brachten, den erst wenige kannten. So kam Finrod zu den Naroghöhlen und begann dort tiefe Hallen und Kammern zu bauen, wie er sie in Menegroth gesehen, und jene Burg wurde Nargothrond geheißen. Bei der Arbeit halfen ihm die Zwerge von den Blauen Bergen, und sie wurden reich belohnt, denn Finrod hatte mehr Schätze aus Tirion mitgebracht als alle andern Prinzen aus Noldor. Und zu der Zeit wurde ihm das Nauglamír gefertigt, das Halsband der Zwerge, ihre berühmteste Arbeit während der Ältesten Tage. Es war ein Halsgeschmeide von Gold, mit ungezählten Gemmen aus Valinor besetzt, doch hatte es eine Kraft in sich, daß es leicht wie ein Faden Flachs an seinem Träger hing, und um welchen Hals es auch geschlungen war, es saß immer genau und anmutig.

Dort in Nargothrond ließ Finrod mit vielen aus seinem Volke sich nieder, und in der Zwergensprache nannte man ihn Felagund, den Höhlenschleifer, und diesen Namen behielt er bis an sein Ende. Doch war Finrod Felagund nicht der erste, der in Höhlen am Narog lebte.

Seine Schwester Galadriel ging nicht mit ihm nach Nargothrond, denn in Doriath lebte Celeborn, ein Anverwandter von Thingol, und groß war die Liebe zwischen ihnen. Daher blieb sie im Verborgenen Königreich und wohnte bei

Melian, und von ihr erfuhr sie große Wissenschaft und Weisheit, Mittelerde betreffend.

Turgon aber gedachte der Stadt auf dem Hügel, des weißen Tirion mit seinem Turm und Baum, und er fand nicht, was er suchte, sondern kehrte nach Nevrast zurück und lebte in Frieden in Vinyamar am Ufer des Meeres. Und im Jahr darauf erschien ihm Ulmo selbst und hieß ihn wieder allein aufbrechen, in das Tal des Sirion; und Turgon ging und entdeckte dank Ulmos Führung das verborgene Tal von Tumladen in den Umzingelnden Bergen, in dessen Mitte sich ein steinerner Hügel erhob. Davon sprach er vorerst zu niemandem, sondern kehrte wieder nach Nevrast zurück, und dort begann er insgeheim den Plan zu einer Stadt nach dem Vorbild von Tirion auf Túna zu zeichnen, nach der sein Herz in der Verbannung verlangte.

Morgoth nun, der den Berichten seiner Späher glaubte, daß die Fürsten der Noldor umherwanderten, ohne viel an Krieg zu denken, stellte die Stärke und Wachsamkeit seiner Feinde auf die Probe. Wieder einmal, ohne Vorwarnung, regte er seine Kräfte, und plötzlich gab es Erdbeben im Norden, und Feuer quoll aus Erdspalten, und die Eisenberge spien Flammen aus, und Orks strömten über die Ebene von Ard-galen. Von da aus stießen sie im Westen durch den Paß des Sirion vor, und im Osten brachen sie durch Maglors

Land, in der Lücke zwischen Maedhros' Hügelland und den Ausläufern der Blauen Berge. Fingolfin und Maedhros aber schliefen nicht, und während andere die verstreuten Haufen der Orks jagten, die durch Beleriand schweiften und viel Unheil stifteten, überraschten sie das Hauptheer von zwei Seiten, als es eben Dorthonion angriff; und sie besiegten Morgoths Diener, jagten sie über die Ebene von Ard-galen und vernichteten sie bis auf den letzten Mann, in Sichtweite der Tore von Angband. Das war die dritte große Schlacht der Kriege von Beleriand, und sie wurde Dagor Aglareb genannt, die Ruhmreiche Schlacht.

Ein Sieg war es und doch eine Warnung; und die Prinzen bedachten dies wohl und schlossen hernach ihre Grenzen noch dichter, verstärkten und ordneten ihre Wachen und legten eine Belagerung um Angband, die fast vierhundert Sonnenjahre lang dauerte. Für lange Zeit nach der Dagor Aglareb wagte sich kein Diener Morgoths mehr aus den Toren, aus Furcht vor den Fürsten der Noldor; und Fingolfin prahlte, nie wieder könne Morgoth, es sei denn durch Verrat unter den Eldar selbst, aus ihrem Sperrgürtel ausbrechen oder sie unversehens überfallen. Doch konnten die Noldor weder Angband einnehmen noch die Silmaril zurückgewinnen; und der Krieg kam während der ganzen Zeit der Belagerung nie ganz zur Ruhe, denn Morgoth heckte neues Unheil aus, und dann und wann stellte er seine Feinde auf die Probe. Auch konnte Morgoths Festung nie ganz eingeschlossen werden, denn die Eisenberge, aus deren großem, gebogenen Wall die Türme von Thangorodrim vorsprangen, schützten sie von beiden Seiten, und wegen ihres Schnees und Eises waren sie unüberschreitbar für die Noldor. In seinem Rücken und nach Norden zu hatte also Morgoth keine Feinde, und in dieser Richtung zogen bisweilen seine Späher aus und gelangten dann auf Umwegen nach Beleriand. Und da er vor allem Furcht und Zwietracht unter den Eldar säen wollte, befahl er den Orks, jeden, den sie fangen konnten, lebendig und in Fesseln nach Angband zu bringen; und manche ängstigte er so mit der Folter seines Blicks, daß sie auch ohne Fesseln in steter Furcht vor ihm lebten und ihm zu Willen waren, wo immer sie sich aufhielten. So erfuhr Morgoth von all dem, was seit Feanors Aufruhr geschehen war, und er frohlockte, sah er darin doch den Samen zu mancherlei Zwist unter seinen Feinden.

Als nahezu hundert Jahre seit der Dagor Aglareb vergangen waren, versuchte Morgoth, Fingolfin unversehens zu überfallen (denn Maedhros' Wachsamkeit kannte er); und er schickte ein Heer in den weißen Norden, das sich dann nach Westen und zuletzt nach Süden wandte und die Küste entlang zum Fjord von Drengist zog, auf demselben Wege, auf dem Fingolfin vom Malm-Eis gekommen war. So gedachten sie, von Westen her nach Hithlum einzufallen; doch wurden sie beizeiten ausgekundschaftet, und Fingon überraschte sie zwischen den Bergen am Ende des Fjords, und die meisten der Orks wurden ins Meer gejagt. Diese Schlacht wurde nicht zu den großen gerechnet, denn die Orks waren nicht stark an Zahl, und nur ein Teil der Männer von Hithlum kämpften dort. Hernach aber herrschte für viele Jahre Ruhe, und kein offener Angriff kam mehr aus Angband, denn Morgoth sah nun ein, daß die Orks ohne andere Hilfe den Noldor nicht gewachsen waren; und in seinem Herzen sann er auf neue Wege.

Abermals hundert Jahre später stieg Glaurung, der erste der Urulóki, der Feuerdrachen des Nordens, des Nachts aus den Toren von Angband. Er war noch jung und kaum zur Hälfte ausgewachsen, denn lang und langsam ist das Leben der Drachen, doch die Elben flohen entsetzt vor ihm in die Ered Wethrin und nach Dorthonion, und er verwüstete die Felder von Ard-galen. Da zog Fingon, Prinz von Hithlum, mit berittenen Bogenschützen gegen ihn aus und umringte ihn mit schnellen Reitern; und Glaurung konnte ihre Pfeile nicht ertragen, war doch sein Panzer noch nicht ganz geschlossen; und so floh er nach Angband zurück und kam viele Jahre lang nicht mehr hervor. Fingon erwarb hohen Ruhm, und die

Noldor waren froh, denn nur wenige erkannten im voraus die ganze Bedeutung und Gefahr dieses neuen Dings. Morgoth war verdrossen, daß Glaurung sich voreilig hatte sehen lassen; und nach dieser Niederlage gab es den langen Frieden, der fast zweihundert Jahre währte. In der ganzen Zeit gab es nur noch Scharmützel an den Grenzen, und ganz Beleriand blühte und wurde reich. Hinter der Wache ihrer Heere im Norden bauten die Noldor ihre Paläste und Türme, und viele schöne Dinge schufen sie in jenen Tagen, Gedichte und Geschichten und Bücher von Wissenschaft. In vielen Teilen des Landes verschmolzen Noldor und Sindar zu einem Volke und sprachen die gleiche Sprache; der Unterschied allerdings blieb zwischen ihnen, daß die Noldor über die größeren Geistes- und Leibeskräfte geboten und die mächtigeren Krieger und Gelehrten waren; und sie bauten mit Stein und liebten die Berghänge und die offenen Lande. Die Sindar dagegen hatten die schöneren Stimmen und verstanden sich besser auf die Musik, ausgenommen allein Maglor, Feanors Sohn, und sie liebten die Wälder und die Flußufer; und manche Grau-Elben wanderten immer noch nach Belieben umher, ohne feste Heimstätte, und sie sangen auf ihrem Weg.

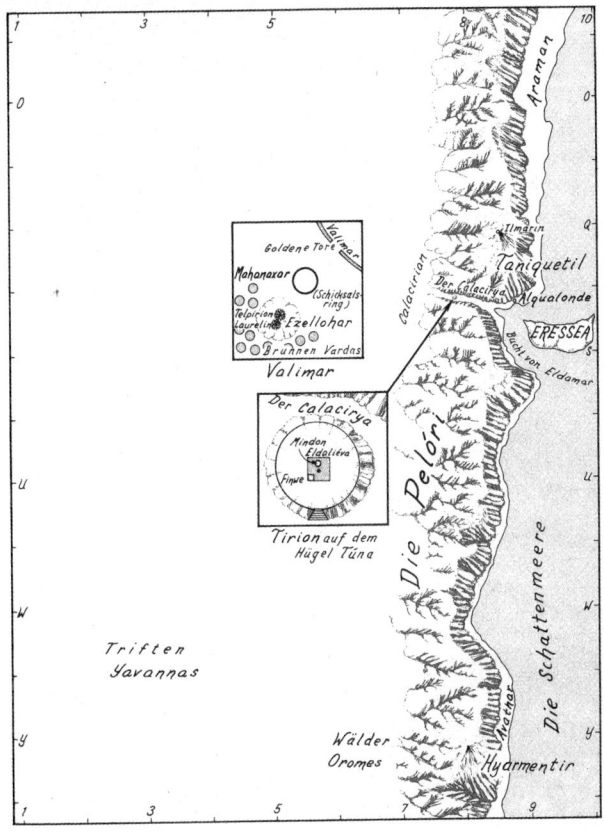

Valinor

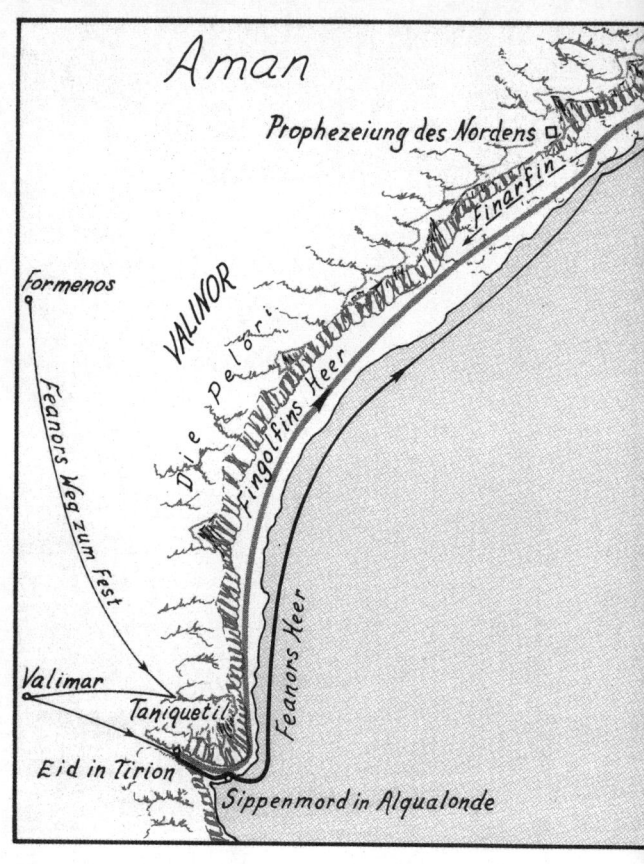

Flucht der Noldor

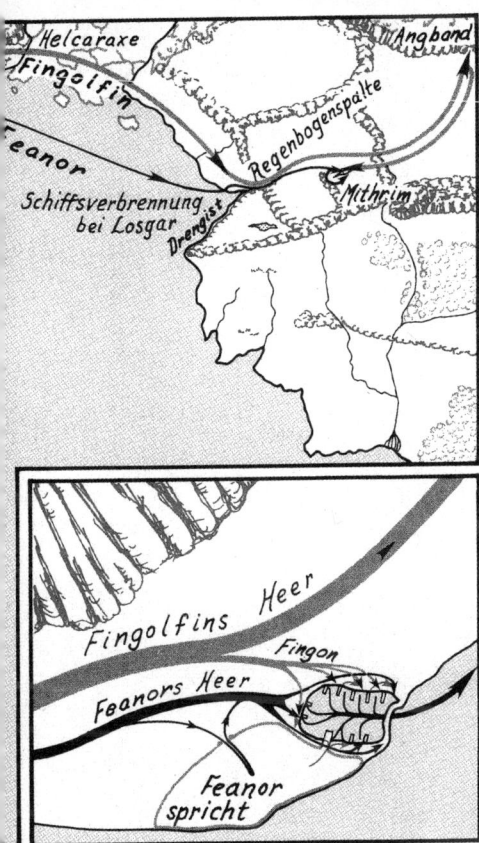

Länder im Norden

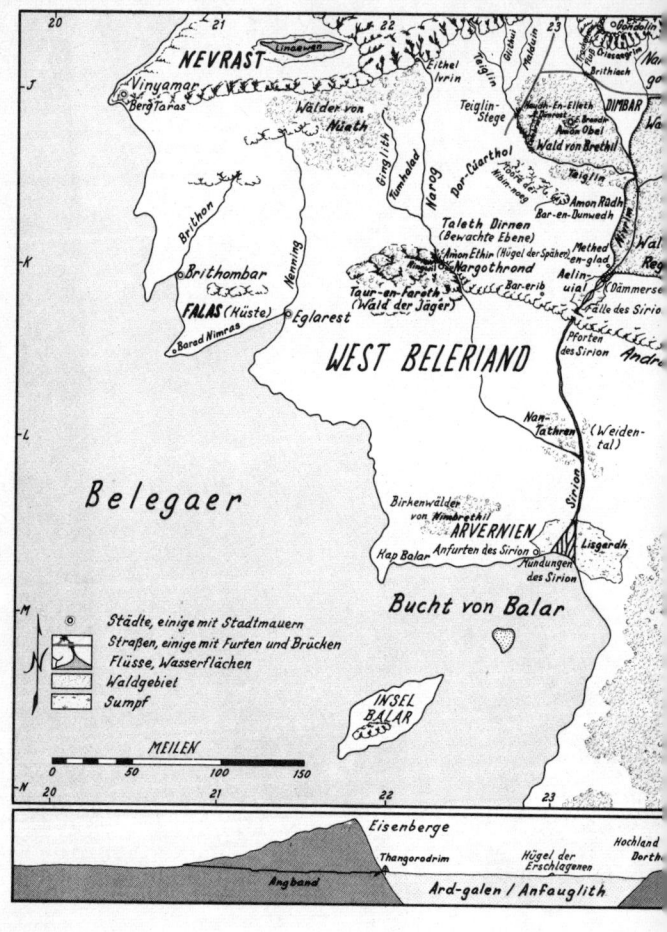

Beleriand

Glossar

Aegnor. Vierter Sohn Finarfins.
Aelin-uial. »Dämmerseen«, an der Mündung des Aros in den Sirion.
Älteste Tage. Das Erste Zeitalter.
Ainulindale. »Die Musik der Ainur«, auch »das (Große) Lied«, »die (Große) Musik« genannt. Zugleich auch der Name der Schöpfungsgeschichte, die Rúmil von Tirion in den Ältesten Tagen aufgeschrieben haben soll.
Ainur (Singular *Ainu*). »Die Heiligen«, die ersten von Ilúvatar erschaffenen Wesen, älter als Ea, die »Orden« der Valar und Maiar.
Aldudénië. »Klagelied um die Zwei Bäume«, von einem Vanyar-Elben namens Elemmíre gedichtet.
Almaren. Erster Wohnsitz der Valar in Arda, vor dem zweiten Angriff Melkors: eine Insel in einem großen See inmitten von Mittelerde.
Alqualonde. »Schwanenhafen«, Stadt und Hafen der Teleri an der Küste von Aman.
Aman. »Gesegnet, frei von Unheil«, Name des Landes im Westen, wo die Valar wohnten, nachdem sie die Insel Almaren verlassen hatten. Oft auch als »Segensreich« bezeichnet.
Amras. Zwillingsbruder von Amrod, jüngster Sohn Feanors.
Amrod. Siehe *Amras*.
Anar. Quenya-Name der Sonne.
Angband. »Eisenkerker, Eisenhölle«, Morgoths große Höhlenfestung im Nordwesten von Mittelerde.
Angrod. Dritter Sohn Finarfins.
Apanónar. »Die Nachgeborenen«, eine elbische Bezeichnung für die Menschen.
Araman. Ödland an der Küste von Aman, zwischen den Pelóri und dem Meer, sich nach Norden zur Helcaraxe hin erstreckend.
Arda. »Das Reich«, Name der Erde als Königreich Manwes.

Ard-galen. Das große flache Grasland nördlich von Dorthonion.
Arien. Eine Maia, von den Valar auserwählt, das Sonnenschiff zu lenken.
Aros. Fluß im Süden von Doriath.
Atani (Singular *Atan*). »Das Zweite Volk«, die Menschen.
Aule. Ein Vala, Schmied und Meister der Handwerke, Gemahl Yavannas.
Außenlande. Mittelerde.
Außenmeer. Siehe *Ekkaia*.
Avari. »Die Widerstrebenden, die Ablehnenden«; Name, der allen Elben beigelegt wurde, die es ablehnten, sich der Wanderung von Cuiviénen nach Westen anzuschließen. Siehe auch *Eldar* und *Dunkel-Elben*.
Avathar. »Die Schatten«, das verödete Land an der Küste von Aman, südlich der Bucht von Eldamar, zwischen den Pelóri und dem Meer, wo Melkor Ungolianth traf.

Balrog. »Starker Dämon«, Sindarin-Form des Namens der Feuergeister in Morgoths Diensten.
Barahir. Vater von Beren.
Belegaer. »Das Große Meer« des Westens, zwischen Mittelerde und Aman.
Belegost. »Große Festung«, eine der beiden Zwergenstädte in den Blauen Bergen.
Beleriand. Der Name soll ursprünglich »das Land von Balar« bedeutet haben und zuerst für das Land um die Sirionmündungen gegenüber der Insel Balar gebraucht worden sein. Später bezeichnete der Name die ganze alte Nordwestküste von Mittelerde südlich des Fjords von Drengist, alle Länder im Innern südlich von Hithlum und nach Osten bis zu den Füßen der Blauen Berge; durch den Sirionstrom in Ost- und West-Beleriand geteilt.
Beren. Barahirs Sohn; schnitt einen Silmaril aus Morgoths Krone; als einziger aller sterblichen Menschen von den Toten zurückgekehrt.
Berge der Abwehr. Siehe *Pelóri*.
Bewachtes Reich. Siehe *Valinor*.
Blaue Berge. Siehe *Ered Luin*.

Brithombar. Der nördliche Hafen der Falas an der Küste von Beleriand.

Calacirya. »Lichtspalt«; der Durchlaß, der durch das Pelóri-Gebirge gelegt worden war und in dem sich der grüne Hügel von Túna erhob.

Calaquendi. »Elben des Lichts«; diejenigen Elben, die in Aman lebten oder gelebt hatten (die Hochelben). Siehe auch *Moriquendi* und *Dunkel-Elben.*

Caranthir. Vierter Sohn Feanors, genannt der Dunkle.

Celeborn. Elb aus Doriath, Verwandter Thingols, heiratete Galadriel.

Celegorm. Dritter Sohn Feanors, genannt der Helle.

Círdan. »Der Schiffbauer«; Telerin-Elb, Herr der Falas.

Cuiviénen. »Wasser des Erwachens«; der See in Mittelerde, wo die ersten Elben erwachten und wo Orome sie fand.

Curufin. Fünfter Sohn Feanors, genannt der Geschickte.

Curufinwe. Siehe *Feanor.*

Dämmerseen. Siehe *Aelin-uial.*

Daeron. Spielmann und größter Gelehrter König Thingols, Erfinder der Cirth (Runen).

Dagor Aglareb. »Die Ruhmreiche Schlacht«, die dritte der großen Schlachten in den Kriegen von Beleriand.

Dagor-nuin-Giliath. »Die Schlacht-unter-Sternen«, die zweite Schlacht in den Kriegen von Beleriand, in Mithrim, nach Feanors Ankunft in Mittelerde.

Dor Daedeloth. »Land des Schattens des Schreckens«, das Land Morgoths im Norden.

Doriath. »Land des Zauns« (Dor lâth), Anspielung auf den Gürtel Melians; das Königreich Thingols und Melians, von Menegroth aus regiert. Auch das »Verborgene Königreich« genannt.

Dor-lómin. Gegend im Süden von Hithlum, das Gebiet Fingons.

Dorthonion. »Land der Kiefern«, das große, bewaldete Hochland an den Nordgrenzen von Beleriand.

Drengist. Der lange Fjord, der die Ered Lomin an der Westgrenze von Hithlum durchschnitt.

Dunkel-Elben. In der Sprache von Aman waren alle Elben, die das Große Meer nicht überquert hatten, Dunkel-Elben (Moriquendi). Während der Verbannung der Noldor aber bezeichnete der Ausdruck oft alle Elben von Mittelerde, die keine Noldor oder Sindar waren, und ist dann etwa gleichbedeutend mit Avari.

Ea. Die Welt, das stoffliche Universum; Ea (elbisch »es ist« oder »es sei«) war das Wort Ilúvatars, mit dem die Welt ins Sein trat.

Earendil. Genannt »Halbelb«, »der Gesegnete«, »der Strahlende« und »der Seefahrer«; Enkel Turgons, heiratete Elwing.

Earwen. Tochter Olwes von Alqualonde (Thingols Bruder), verheiratet mit Finarfin von den Noldor.

Echoberge. Siehe *Ered Lómin.*

Echoriath. »Die Umzingelnden Berge« um die Ebene von Gondolin.

Ecthelion. Elbenfürst von Gondolin, der bei der Vernichtung der Stadt Gothmog, den Fürsten der Balrogs, erschlug und von diesem erschlagen wurde.

Eglarest. Der südliche Hafen der Falas an der Küste von Beleriand.

Eisenberge. Siehe *Ered Engrin.*

Eithel Sirion. »Sirion-Brunnen«, an den Osthängen der Ered Wethrin.

Ekkaia. Elbischer Name für das Außenmeer, von dem Arda umgeben ist; auch als das »Umzingelnde Meer« bezeichnet.

Eldalië. »Das Elbenvolk«, gleichbedeutend mit Eldar verwendet.

Eldamar. »Elbenheim«, das Gebiet in Aman, wo die Elben wohnten; auch die große Bucht gleichen Namens.

Eldar. Nach elbischer Überlieferung wurde der Name Eldar, »Volk der Sterne«, allen Elben von dem Vala Orome verliehen. Im späteren Gebrauch bezeichnete er jedoch nur noch die Elben der Drei Geschlechter (Vanyar, Noldor und Teleri), die sich aus Cuiviénen zu dem großen Zug nach Westen aufmachten (ob sie dann in Mittelerde blieben oder nicht), unter Ausschließung der Avari. Die Elben von Aman und alle Elben, die je dort gelebt hatten, wurden Hochelben und Lichtelben (Calaquendi) genannt. Siehe auch *Dunkel-Elben*.

Elemmíre. Vanyarin-Elb, Dichter des ›Aldudénië‹, des Klagelieds um die Zwei Bäume.

Elende. Ein Name für Eldamar.

Elenwe. Turgons Gemahlin, kam bei dem Übergang über die Helcaraxe um.

Elrond. Sohn Earendils und Elwings.

Elu. Sindarin-Form von Elwe.

Elwe. Siehe *Thingol*.

Elwing. Enkelin von Beren, verheiratet mit Earendil; Mutter Elronds.

Endor. »Mittelland«, Mittelerde.

Engwar. »Die Kränklichen«, einer der Elbennamen für die Menschen.

Enteigneten, Die. Das Haus Feanor.

Ered Engrin. »Die Eisenberge« im hohen Norden.

Ered Gorgoroth. »Die Berge des Grauens«, nördlich von Nan Dungortheb.

Ered Lómin. »Die Echoberge«, Gebirgskette an der Westgrenze von Hithlum.

Ered Luin. »Die Blauen Berge«, auch Ered Lindon genannt. Nach der Zerstörung am Ende des Ersten Zeitalters bildeten die Ered Luin das nordwestliche Küstengebirge von Mittelerde.

Ered Wethrin. »Die Berge des Schattens«, »das Schattengebirge«, die große gebogene Bergkette, die Ard-galen von Westen her begrenzte und Hithlum von West-Beleriand trennte.

Eru. »Der Eine«, »Er, welcher einzig ist«: Ilúvatar.

Este. Eine der Valier, Gemahlin von Irmo; ihr Name bedeutet »Rast«.

Ezellohar. Der Grüne Hügel der Zwei Bäume von Valinor.

Falas. Die Westküste von Beleriand südlich von Nevrast.

Feanor. Ältester Sohn Finwes (einziges Kind von Finwe und Míriel), Halbbruder Fingolfins und Finarfins; der größte der Noldor und der Anführer ihrer Rebellion; Erfinder der feanorischen Schrift; Schöpfer der Silmaril; in Mithrim in der Dagor-nuin-Giliath gefallen. Sein Name war Curufinwe (curu, »Geschicklichkeit«), und diesen Namen gab er selbst seinem fünften Sohn, Curufin; doch wurde er immer mit dem ihm von seiner Mutter gegebenen Namen Feanáro, »Feuergeist«, genannt, der im Sindarin die Form Feanor erhielt.

Finarfin. Dritter Sohn Finwes, der jüngere von Feanors Halbbrüdern; blieb nach der Verbannung der Noldor in Aman und herrschte über das restliche Volk in Tirion. Nur er und seine Nachkommen hatten unter den Noldorfürsten goldblondes Haar, von seiner Mutter Indis, die eine Vanyarin-Elbin war.

Fingolfin. Zweiter Sohn Finwes, der ältere von Feanors Halbbrüdern; Hoher König der Noldor in Beleriand, saß in Hithlum.

Fingon. Ältester Sohn Fingolfins, genannt der Kühne; rettete Maedhros von Thangorodrim.

Finrod. Ältester Sohn Finarfins, genannt »der Treue« und »der Freund der Menschen«. Gründer und König von Nargothrond, wo er den Namen Felagund (»Höhlenschleifer«) erhielt.

Finwe. Führer der Noldor auf der Wanderung von Cuiviénen nach Westen; König der Noldor in Aman; Vater Feanors, Fingolfins und Finarfins; von Morgoth in Formenos erschlagen.

Fírimar. »Sterbliche«, einer der Elbennamen für die Menschen.

Formenos. »Nördliche Festung«, Burg Feanors und seiner Söhne im Norden von Valinor, erbaut nach der Verbannung Feanors aus Tirion.

Galadriel. Tochter Finarfins und Schwester Finrod Felagunds; eine der Anführerinnen in der Rebellion der Noldor gegen die Valar; heiratete Celeborn von Doriath.

Gelion. Der große Strom von Ost-Beleriand.

Glaurung. Der erste von Morgoths Drachen, genannt »der Vater der Drachen«.

Gondolin. »Der Verborgene Felsen«, geheime Stadt König Turgons in den Umzingelnden Bergen.

Gothmog. Fürst der Balrogs, Feldherr von Angband, erschlug Feanor und Ecthelion.

Grau-Elben. Siehe *Sindar.*

Großes Meer. Siehe *Belegaer.*

Grün-Elben. Die Nandorin-Elben von Ossiriand.

Hallen der Erwartung. Mandos' Hallen.

Helcaraxe. Die Meerenge zwischen Araman und Mittelerde, auch das »Malm-Eis« genannt.

Helevorn. »Schwarzer Spiegel«; See, an dem Caranthir wohnte.

Helluin. Der Stern Sirius.

Herren des Westens. Siehe *Valar.*

Hildor. »Die Nachkömmlinge«, »die Nachzügler«, Elbenname für die Menschen als die Jüngeren Kinder Ilúvatars.

Hildórien. Das Land im Osten von Mittelerde, wo die ersten Menschen (Hildor) erwachten.

Himring. Der große Berg westlich von Maglors Lücke, auf dem Maedhros' Burg stand.

Hithlum. »Nebelland«; das Gebiet, das im Osten und Süden von den Ered Wethrin, im Westen von den Ered Lómin begrenzt wurde.

Hochelben. Siehe *Eldar.*

Hoch-Faroth. Siehe *Taur-en-Faroth.*

Hyarmentir. Höchster Berg in den Gebieten südlich von Valinor.

Ilmen. Die Region über der Luft, wo die Sterne sind.

Ilúvatar. »Vater des Alls«, Eru.

Indis. Vanyarin-Elbin, nah verwandt mit Ingwe; zweite Gemahlin Finwes, Mutter Fingolfins und Finarfins.

Ingwe. Führte die Vanyar, die erste der drei Scharen der Eldar, von Cuiviénen nach Westen. In Aman lebte er auf dem Taniquetil und galt als Hoher König aller Elben.

Irmo. Ein Vala, meist Lórien genannt, nach dem Ort, wo er wohnte. Irmo bedeutet »der Wünscher« oder »Meister des Wunsches«.

Isil. Name des Mondes im Quenya.
Ivrin. See und Wasserfälle unterhalb der Ered Wethrin, wo der Fluß Narog entsprang.

Kinder Ilúvatars. Auch: »Kinder Erus«; die Erstgeborenen und die Nachkömmlinge, Elben und Menschen; auch: »die Kinder«, »Kinder der Erde«, »Kinder der Welt«.

Lammoth. »Das große Echo«, Gebiet nördlich des Fjords von Drengist, benannt nach dem Echo auf Morgoths Schreie bei seinem Kampf mit Ungolianth.
Laurelin. »Goldenes Lied«, der jüngere der Zwei Bäume von Valinor.
Lórien. Name der Gärten und des Wohnsitzes des Vala Irmo, der selbst meist Lórien genannt wurde.
Losgar. Der Platz, wo Feanor die Schiffe der Teleri verbrannte, an der Mündung des Fjords von Drengist.

Mablung. Elb aus Doriath, Feldhauptmann Thingols.
Maedhros. Ältester Sohn Feanors, genannt der Lange; von Thangorodrim gerettet durch Fingon; herrschte in den Gebieten um den Berg von Himring.
Maedhros' Mark. Das offene Land nördlich der Quellflüsse des Gelion, das Maedhros und seine Brüder gegen Angriffe auf Ost-Beleriand verteidigten; auch »die Ostmark« genannt.
Maglor. Zweiter Sohn Feanors, ein großer Sänger und Spielmann; hatte das Gebiet inne, das »Maglors Lücke« genannt wurde.
Maglors Lücke. Das Gebiet zwischen den Armen des Gelion, das nicht durch Berge gegen Angriffe aus Norden geschützt war.
Máhanaxar. Der Schicksalsring vor den Toren von Valmar, wo die Throne der Valar standen und wo sie Rat hielten.
Mahtan. Ein großer Schmied der Noldor, Vater von Feanors Gemahlin Nerdanel.
Maiar (Singular *Maia*). Ainur geringeren Ranges als die Valar.
Malm-Eis. Siehe *Helcaraxe.*

Mandos. In Aman der Wohnsitz des Vala, dessen eigentlicher Name Námo, der Richter, war, doch wurde dieser Name selten gebraucht, und er selbst wurde meist Mandos genannt.

Manwe. Höchster der Valar, auch Súlimo, »der Älteste König« oder »der Herrscher von Arda« genannt.

Melian. Eine Maia, die Valinor verließ und nach Mittelerde kam; später Gemahlin König Thingols in Doriath, um das sie einen Banngürtel legte, den Gürtel Melians.

Melkor. Der Quenya-Name des großen aufrührerischen Vala, Ursprung des Bösen, zu Anfang der mächtigste der Ainur; später genannt Morgoth, Bauglir, »der Dunkle Herr«, »der Feind« usw. Die Bedeutung von Melkor war »Er, der in Macht ersteht«.

Menegroth. »Die Tausend Grotten«, die verborgenen Hallen Thingols und Melians in Doriath.

Mereth Aderthad. Das »Fest der Versöhnung«, das Fingolfin an den Weihern von Ivrin gab.

Mindon Eldaliéva. »Hoher Turm der Eldalië«, Ingwes Turm in der Stadt Tirion; auch einfach »der Mindon« genannt.

Míriel. Erste Gemahlin Finwes, Feanors Mutter; starb nach Feanors Geburt. Genannt Serinde, »die Stickerin«.

Mithrim. Name des großen Sees im Osten von Hithlum, auch der Umgebung und der Berge im Westen, die Mithrim von Dor-lómin trennten. Der Name bezeichnete ursprünglich die dort lebenden Sindarin-Elben.

Mittelerde. Die Lande östlich des Großen Meeres; auch »Außenlande« oder »Endor« genannt.

Morgoth. »Der Schwarze Feind«, Name Melkors, den ihm Feanor nach dem Raub der Silmaril verlieh.

Moriquendi. »Elben der Dunkelheit«. Siehe *Dunkel-Elben.*

Musik der Ainur. Siehe *Ainulindale.*

Nachkömmlinge. Siehe *Hildor.*

Nahar. Das Pferd des Vala Orome.

Nandor. Soll bedeuten »die sich abwenden«: die Nandor waren diejenigen Elben aus der Schar der Teleri, die sich während des Zuges von Cuiviénen nach Westen weigerten, das Nebelgebirge zu überschreiten, von denen jedoch sehr viel später ein Teil über die Blauen Berge kam und in Ossiriand blieb (die Grün-Elben).

Nan Dungortheb. Das Tal zwischen den Hängen der Ered Gorgoroth und dem Gürtel Melians.

Nargothrond. »Die große unterirdische Festung am Fluß Narog«, von Finrod Felagund begründet; auch das Reich Nargothrond östlich und westlich des Narog.

Narog. Der größte Fluß in West-Beleriand.

Narsilion. Das Lied von Sonne und Mond.

Nauglamír. »Das Halsband der Zwerge«, von den Zwergen für Finrod Felagund gefertigt.

Naugrim. »Die Kurzgewachsenen«, Sindarin-Name für die Zwerge.

Nerdanel. Genannt die Kluge; Tochter Mahtans des Schmiedes, Gemahlin Feanors.

Nevrast. Das Gebiet westlich von Dor-lómin, jenseits der Ered Lómin, wo Turgon saß, bevor er nach Gondolin zog.

Nienna. Eine der Valier; die Herrin des Mitleids und der Trauer, Mandos' und Lóriens Schwester.

Nogrod. Eine der beiden Zwergenstädte in den Blauen Bergen.

Noldolante. »Der Sturz der Noldor«, ein Klagelied von Maglor, Feanors Sohn.

Noldor (Singular *Noldo*). Die Tiefelben, die zweite Schar der Elben auf dem Weg von Cuiviénen nach Westen, angeführt von Finwe. Der Name bedeutet »die Weisen« (»weise« im Sinne von »wissend, gelehrt«, nicht von »klug« oder »urteilssicher«).

Nurtale Valinóreva. »Die Verhüllung von Valinor«.

Oiomúre. Ein Nebelgebiet in der Nähe der Helcaraxe.

Olwe. Führte gemeinsam mit seinem Bruder Elwe (Thingol) die Scharen der Teleri aus Cuiviénen nach Westen; Fürst der Teleri von Alqualonde in Aman.

Orks. Kreaturen Morgoths.

Orodreth. Zweiter Sohn Finarfins.

Orome. Ein Vala; der große Jäger, der die Elben von Cuiviénen fortführte; Gemahl Vánas.

Osse. Ein Maia, Untertan Ulmos, mit dem er in die Gewässer von Arda kam; Freund und Lehrer der Teleri.
Ossiriand. »Land der Sieben Flüsse« (des Gelion und seiner von den Blauen Bergen herabfließenden Nebenflüsse); das Land der Grün-Elben.

Pelóri. »Die umfriedenden oder wehrhaften Höhen«, auch »Berge von Aman« oder »Berge der Abwehr« genannt, von den Valar nach der Zerstörung ihres Sitzes auf Almaren aufgetürmt; in einer steil abfallenden Kette von Norden nach Süden verlaufend, nahe an der Ostküste von Aman.

Quendi. Ursprünglicher Elbenname der Elben (jeder Art, einschließlich der Avari), bedeutet »die mit Stimmen reden«.
Quenya. Die alte, allen Elben gemeinsame Sprache in der Form, die sie in Valinor annahm; von den verbannten Noldor nach Mittelerde gebracht, jedoch auch von ihnen im täglichen Gebrauch aufgegeben.

Rána. »Der Wanderer«, ein Name des Mondes bei den Noldor.
Rerir. Berg im Norden des Helevorn-Sees.
Rúmil. Ein gelehrter Noldo aus Tirion, der erste Erfinder der Schriftzeichen; ihm wird die ›Ainulindale‹ zugeschrieben.

Schattengebirge. Siehe *Ered Wethrin.*
Schicksalsring. Siehe *Máhanaxar.*
Schwanenhafen. Siehe *Alqualonde.*
Segensreich. Siehe *Aman.*
Silmaril. Die drei von Feanor vor der Vernichtung der Zwei Bäume von Valinor geschaffenen Edelsteine, welche das Licht der Bäume enthielten.
Sindar. Die Grau-Elben; der Name bezeichnete alle Elben telerischer Herkunft, welche die zurückgekehrten Noldor in Beleriand vorfanden, ausgenommen die Grün-Elben von Ossiriand. Vielleicht haben die Noldor diesen Namen

gewählt, weil sie den ersten Elben dieser Herkunft im Norden, unter dem grauen Himmel und in den Nebeln um den Mithrim-See begegneten; vielleicht auch, weil die Grau-Elben weder »des Lichtes« (von Valinor) noch »des Dunkels« (Avari), sondern »Elben der Dämmerung« waren. Es wurde jedoch angenommen, daß sich die Bezeichnung von Elwes Namen Thingol herleitete, da er als oberster König des ganzen Landes und aller seiner Völker anerkannt wurde.

Sindarin. Die Elbensprache von Beleriand, aus der gemeinsamen Elbensprache stammend, durch die langen Zeiten der Trennung aber gegenüber dem Quenya von Valinor stark verändert; wurde von den verbannten Noldor in Beleriand übernommen.

Sippenmord, Der. Die Tötung der Teleri durch die Noldor in Alqualonde.

Sirion. »Der Große Strom«, von Norden nach Süden fließend; trennte West- und Ost-Beleriand.

Söhne Feanors. Siehe *Maedhros, Maglor, Celegorm, Caranthir, Curufin, Amrod, Amras.*

Súlimo. Name Manwes.

Taniquetil. »Hoher weißer Gipfel«, höchster Berg der Pelóri und von Arda, auf dessen Gipfel Ilmarin steht, der Palast Manwes und Vardas; auch »der Weiße Berg« genannt, »der Heilige Berg« und »der Berg Manwes«.

Taur-en-Faroth. Das bewaldete Hochland westlich des Flusses Narog, oberhalb Nargothrond; auch »Hoch-Faroth« genannt.

Teleri. Die dritte und größte Schar der Eldar auf der Wanderung von Cuiviénen nach Westen, angeführt von Elwe (Thingol) und Olwe. Der Name Teleri (die Letzten, die Hintersten) wurde ihnen von denen verliehen, die vor ihnen gingen. Viele der Teleri verließen Mittelerde nicht; die Sindar und die Nandor waren ursprünglich Telerin-Elben.

Telperion. Der ältere der Zwei Bäume von Valinor.

Thangorodrim. »Berge der Tyrannei«, von Morgoth über Angband aufgetürmt.

Thingol (Quenya *Sindacollo, Singollo*). »Graumantel«; Name, unter dem Elwe, mit seinem Bruder Olwe Führer der Schar der Teleri beim Auszug von Cuiviénen und später König von Doriath, in Beleriand bekannt war; auch »der Verborgene König« genannt.

Thorondor. »König der Adler«.

Tilion. Ein Maia, Steuermann des Mondes.

Tirion. »Großer Wachtturm«, die Stadt der Elben auf dem Hügel von Túna in Aman.

Tol Eressea (auch einfach *Eressea*). »Die Einsame Insel«, auf der die Vanyar, die Noldor und später auch die Teleri von Ulmo über den Ozean gebracht wurden und die zuletzt in der Bucht von Eldamar, nahe an der Küste von Aman, eingewurzelt wurde. Auf Eressea blieben die Teleri lange, ehe sie nach Alqualonde fuhren.

Tulkas. Ein Vala, »der Größte an Kraft und Mannestaten«, der als letzter nach Arda kam.

Tumladen. »Das Weite Tal«, das verborgene Tal in den Umzingelnden Bergen, in dessen Mitte die Stadt Gondolin stand.

Túna. Der grüne Hügel im Calacirya, auf dem Tirion, die Stadt der Elben stand.

Turgon. Zweiter Sohn Fingolfins, genannt der Kluge; saß in Vinyamar in Nevrast, ehe er insgeheim nach Gondolin ging, wo er bis zu seinem Tod während der Eroberung der Stadt herrschte.

Uinen. Eine Maia, die Herrin der Meere, Gemahlin Osses.

Ulmo. Ein Vala, genannt »Herr der Wasser und König des Meeres«. Der Name wurde von den Eldar mit »der Begießer« oder »der Regenmacher« übersetzt.

Umzingelnde Berge. Siehe *Echoriath*.

Umzingelndes Meer. Siehe *Ekkaia*.

Ungolianth. Die große Spinne, die mit Melkor die Bäume von Valinor vernichtete.

Urulóki. Quenya-Wort, »Feuerschlange«, Drache.

Utumno. Melkors erste große Burg, im Norden von Mittelerde; von den Valar zerstört.

Valar (Singular *Vala*). »Die, welche Macht haben«, »die Mächte«; Name jener großen Ainur, die zu Beginn der Zeit nach Ea kamen und die Aufgabe übernahmen, Arda zu behüten und zu regieren. Auch »die Großen«, »die Herrscher von Arda«, »die Herren des Westens«, »die Herren von Valinor« genannt.

Valaróma. Das Jagdhorn des Vala Orome.

Valier. »Die Königinnen der Valar«.

Valimar. Siehe *Valmar*.

Valinor. Das Land der Valar in Aman, jenseits des Pelóri-Gebirges; auch das »Bewachte Reich« genannt.

Valmar. Die Stadt der Valar in Valinor; der Name kommt auch in der Form Valimar vor.

Vána. Eine der Valier, Schwester Yavannas und Gemahlin Oromes.

Vanyar (Singular *Vanya*). Die erste Schar der Eldar auf der Wanderung von Cuiviénen nach Westen, geführt von Ingwe. Der Name bedeutet »die Hellen«, mit Bezug auf das goldblonde Haar der Vanyar.

Varda. »Die Erhabene«, »die Hohe«, auch »die Herrin der Gestirne« genannt. Größte der Valier, Gemahlin Manwes, wohnt mit ihm auf dem Taniquetil.

Vása. »Die Verzehrende«, ein Name der Sonne bei den Noldor.

Verborgenes Königreich. Siehe *Doriath*.

Verwunschene Inseln. Die Inseln, welche die Valar östlich von Tol Eressea ins Große Meer setzten, zur Zeit der Verhüllung von Valinor.

Vinyamar. Turgons Sitz in Nevrast. Der Name bedeutet vermutlich »Neues Obdach«.

Weissagung des Nordens. Das Verhängnis der Noldor, von Mandos an der Küste von Araman ausgesprochen.

Yavanna. »Spenderin der Früchte«; eine der Valier, Gemahlin Aules.

Zwei Bäume von Valinor, Die. Siehe *Telperion* und *Laurelin*.

Zwerge. Siehe *Naugrim*.

J. R. R. Tolkien
Der Herr der Ringe

Normalausgabe mit den »Anhängen«. Neu gestaltet von Heinz Edelmann. Drei Bände, Leinen, zusammen 1379 Seiten, ISBN 3-12-907921-1 · ISBN 3-12-907931-9 · ISBN 3-12-907941-6

Wohlfeile kartonierte Ausgabe. Drei Bände im Schuber, zusammen 1257 Seiten · ISBN 3-608-95211-X

Der Herr der Ringe – Anhänge

Annalen der Könige und Herrscher, Zeittafel der Westlande, Familienstammbäume, Auenland-Kalender. Schriftzeichen und Buchstaben.
Aus dem Englischen übersetzt von Margaret Carroux.
128 Seiten, kart., im Schuber · ISBN 3-608-95149-0

Fabelhafte Geschichten

Aus dem Englischen übersetzt von Margaret Carroux, Karl A. Klewer, Angela Uthe-Spencker.
160 Seiten, broschiert · ISBN 3-608-95034-6

Die Abenteuer des Tom Bombadil

und andere Geschichten aus dem Roten Buch.
Aus dem Englischen übersetzt von Ebba-Margareta von Freymann.
87 Seiten, illustriert, engl. brosch. · ISBN 3-608-95009-5

Das Silmarillion

Herausgegeben von Christopher Tolkien.
Aus dem Englischen übersetzt von Wolfgang Krege.
404 Seiten, Leinen · ISBN 3-608-95131-8

Nachrichten aus Mittelerde

Mit Einleitung, Kommentar, Register, Karten.
Herausgegeben von Christopher Tolkien.
Aus dem Englischen übersetzt von Hans J. Schütz.
603 Seiten, Linson · ISBN 3-608-95160-1

Herr Glück

Aus dem Englischen übersetzt von Anja Hegemann.
106 Seiten, Schmuckpappband mit Umschlag,
51 mehrfarbige Faksimiles · ISBN 3-608-95221-7

Die Briefe vom Weihnachtsmann

Herausgegeben von Baillie Tolkien.
Aus dem Englischen übersetzt von Anja Hegemann.
48 Seiten mit vielen farbigen Bildern, Großformat,
Pappband mit vierfarbigem Überzug · ISBN 3-12-907990-4

Hobbit Presse / Klett-Cotta

J. R. R. Tolkien im dtv

Tuor und seine Ankunft in Gondolin

Es gab eine Zeit in Mittelerde, lange vor den Hobbits, als Elben und Menschen noch vertrauten Umgang pflegten. Damals lebte Tuor, dessen Vater im Kampf gefallen war, bei den Grau-Elben. Als das Land von übermächtigen Feinden heimgesucht wird, drängt er darauf, Turgon, den König der Noldor und Kampfgefährten seines Vaters, zu suchen... dtv 10456

Die Geschichte der Kinder Hurins

Man schreibt das 469. Jahr nach der Rückkehr der Noldor nach Mittelerde. Immer noch wirft der finstere Morgoth seinen Schatten über das Land. Aber bei den Elben und Menschen beginnt sich die Hoffnung zu regen, daß man die Orks vielleicht doch noch zurückdrängen kann. dtv 10905

Feanors Fluch

Viele Hoffnungen ruhten auf dem stolzen, feurigen Kämpfer und eigenwilligen Künstler Feanor. Sein Fluch gegen Morgoth, den Schwarzen Feind der Welt, wird zum Ausgangspunkt jenes endlosen, bitteren Krieges in Mittelerde, den Tolkien in seinem Hauptwerk ›Herr der Ringe‹ beschreibt. dtv 11335

Der kleine Hobbit

Bilbo Beutlin, ein Hobbit aus guter Familie und von untadeligem Ruf, wird von dem Zauberer Gandalf animiert, einer Zwergenschar bei der Rückgewinnung ihres geraubten Schatzes zu helfen. Auf der langen Reise sind unzählige Gefahren zu bestehen, die Hobbitvorstellungen bei weitem übersteigen. dtv junior 7151 und dtv großdruck 25051